M. I. Finley
Die frühe griechische Welt

M. I. Finley

Die frühe griechische Welt

Verlag C. H. Beck München

Aus dem Englischen übertragen von Ingeburg von Steuben.
Die Originalausgabe des Werkes erschien unter dem Titel ‚Early Greece:
The Bronze and Archaic Ages‘ (Ancient Culture and Society)
Der deutschen Ausgabe liegt die 3., überarbeitete Auflage aus dem Jahre 1981,
erschienen im Verlag Chatto & Windus Ltd., London, zugrunde
© M. I. Finley 1970, 1981

*Mit 32 Abbildungen auf Tafeln, 4 Textabbildungen
und 6 Karten*

CIP-Kurztitelaufnahme der Deutschen Bibliothek

Finley, Moses I.:
Die frühe griechische Welt / M. I. Finley. [Aus d.
Engl. übertr. von Ingeburg von Steuben]. – München :
Beck, 1982
   Einheitssacht.: Early Greece (dt.)
   ISBN 3 406 08644 6

ISBN 3 406 08644 6
© C. H. Beck'sche Verlagsbuchhandlung (Oscar Beck), München 1982
Satz und Druck: G. Appl, Wemding
Printed in Germany

*Für
Robert Cook
und
Geoffrey Kirk*

Inhaltsverzeichnis

Vorwort 9
Chronologische Tabelle 12

Erster Teil. Die Bronzezeit

1. Einleitung 17
2. Die ‚Ankunft der Griechen‘ 27
3. Kykladen und Zypern 36
4. Kreta 44
5. Die Mykenische Kultur 59
6. Das Ende der Bronzezeit 70

Tafeln . . . . nach Seite 80

Zweiter Teil. Die archaische Zeit

7. Die ‚Dunklen Jahrhunderte‘ 83
8. Staat und Gesellschaft in der archaischen Zeit 101
9. Sparta 120
10. Athen 131
11. Die Kultur des archaischen Griechenland 141

Anhang

Anmerkungen 159
Abbildungsverzeichnis 165
Bibliographie 169
Register 173

Vorwort

Wer einen Überblick über die griechische Welt in Bronzezeit und Archaik zu geben versucht, deren Zeugnisse größtenteils archäologischer Art sind, weiß, daß das Material alle paar Jahre neu überprüft werden muß: so schnell entwickelt und differenziert sich die archäologische Forschung auf diesem Gebiet. Mit dem Thema beschäftige ich mich in diesem Band zum dritten Mal. Der erste Versuch waren zwei Kapitel für die *Fischer Weltgeschichte*, die in Band 3 (1966) und Band 4 (1967) erschienen sind, der zweite dann die englische Originalausgabe zum vorliegenden Band (1970). Und nun mußten wiederum beachtliche Teile neu geschrieben werden, besonders im Bereich der Bronzezeit.

Soweit es einen Unterschied zwischen Geschichte und Archäologie gibt, ist dieses Buch eine *Geschichte* des frühen Griechenland (ich sage nicht ‚Darstellung‘, denn das wäre unmöglich). Auf keinen Fall handelt es sich um eine archäologische Übersicht, denn das Buch enthält weder Fundaufstellungen oder Listen von Grabungsplätzen, noch werden hier knifflige Fragen zu Stil und Ornamentik der Keramik behandelt. Mir ging es allein um die Geschichte einer Zivilisation oder der Kulturen, aus denen diese Zivilisation besteht, während eines Zeitraums von gut 5000 Jahren. Ich habe mich immer bemüht, auf die Beschaffenheit und die Grenzen des Materials hinzuweisen, auf das wir uns stützen, und nicht zu verheimlichen, was wir nicht wissen oder was umstritten ist. Aber ich habe auch stets meine eigenen Ansichten und Zweifel geäußert, und einige Neufassungen spiegeln ebensosehr die neuerliche Beschäftigung mit dem Stoff wie auch die Ergebnisse neuer Entdeckungen. Dieses Buch enthält also persönliche Darlegungen und ist keine Fundgrube für sämtliche Ideen, die gerade zum Thema im Umlauf sind. Der interessierte Leser kann einer ausgewählten Bibliographie mit dem Schwerpunkt auf neueren Publikationen entnehmen, wo er ausführliche Untersuchungen und abweichende Darstellungen findet.

Es gibt kaum einen Aspekt der griechischen Frühzeit, der nicht ständig neu behandelt würde. Dabei ist es unvermeidlich, daß Fragen zur Chronologie zu überwiegen scheinen, nicht ihrer selbst wegen, sondern weil so vieles von Datierungsänderungen abhängt, insbesondere die Wechselbeziehungen zwischen verschiedenen Gegenden und Kulturen innerhalb eines Gebiets, das sich schließlich von Marseille bis zum Schwarzen Meer erstreckte. Eine Überprüfung von C-14 Daten hat z. B. der früher oft geäußerten Behauptung, es habe mykenische Einflüsse in Westeuropa und England gegeben, ein Ende bereitet. Daß die minoische Kultur in Kreta ein Opfer der Zerstörungen geworden wäre, die die Vulkankatastrophe von Thera (heute Santorini) verursachten, ist eine weitere, nicht länger vertretbare Ansicht (die ohnehin nichts Überzeugendes hatte). Eine neue Beschäftigung mit hethitischen Texten hat offensichtlich bewirkt, daß die einst leidenschaftlich vertretene These, dort erwähnte Königsnamen seien mit Mykene in Zusammenhang zu bringen, einen Stoß versetzt bekam. Abgesehen von der Chronologie ist die zunehmende Hinwendung der Archäologen zu Fragen der Entwicklung von Bevölkerung und Siedlungstypen die interessanteste Neuerung, wobei auch hier die Ergebnisse wieder andere Problemkreise berühren. Damit ist nur ein Teil der Überlegungen aufgezeigt, zu denen der Historiker durch die Entdeckungen und Forschungen des vergangenen Jahrzehnts gezwungen ist, genug, um zu verstehen, warum nach einer neuen Ausgabe dieses Buchs verlangt wurde.

Mein wärmster Dank gilt Paul Halstead vom King's College in Cambridge, der mir geholfen hat, mit der Fülle der neueren archäologischen Publikationen fertig zu werden und noch einmal den Freunden A. Andrewes, R. M. Cook, M. C. Greenstock und G. S. Kirk, die das Manuskript der ersten Ausgabe kritisch durchgesehen haben. Dank schulde ich auch meiner Frau für ihren unermüdlichen Beistand.

Sehr herzlich danke ich weiterhin Frau Ingeburg von Steuben für die Sorgfalt, mit der sie dieses Werk ins Deutsche übersetzt hat. Frau Dr. Ute Naumann bin ich zu aufrichtigem Dank dafür verpflichtet, daß sie den Tafelteil für die deutsche Ausgabe mit großer Fachkenntnis völlig neu zusammengestellt hat.

Schließlich spreche ich Herrn Professor Lauffer, München, meinen Dank aus, dem die deutsche Ausgabe zahlreiche wertvolle kritische Hinweise verdankt.

Juli 1981   M. I. F.

X Radiokarbondatierung

Chronologische Tabelle

Bemerkung: Alle Daten sind v. Chr. und alle sind Annäherungswerte, ausgenommen einige wenige Daten am Schluß

		Griechenland	*Kreta*	*Kykladen*	*Troja*	*Zypern*
	40000	Dauernde menschliche Besiedlung				
Neolithisch	6000	Nea Nikomedia	Knossos			Chirokitia
	4000			Saliagos		
	3000	Frühhelladisch I	Frühminoisch I	Frühkykladisch	I	Frühzyprisch
		II	II	II	II	
		III	III	III	III-V	
					VI	
	2000	Mittelhelladisch	Mittelminoisch	Mittelkykladisch		
Bronzezeit	1600/	Späthelladisch I	Spätminoisch I	Spätkykladisch	VI	Mittelzyprisch
	1550					
	1500	II				
	1450		II	II		
	1400	III A	III A	III A		
	1300	III B	III B	III B	VII A	Spätzyprisch
	1200	III C	III C	III C	VII B	

Gründung von Salamis

Dunkles Zeitalter

1100	
1050	Protogeometrische Keramik
900	Geometrische Keramik
800	Phönikisches Alphabet

Archaische Zeit

776	Einrichtung der Olympischen Spiele
750	Beginn der westlichen ‚Kolonisierung'
650	Beginn der ‚Kolonisierung' um das Schwarze Meer
630	Kylons Putschversuch in Athen
621	Drakons Rechtskodifizierung
594	Archonat Solons
545–	
510	Tyrannis der Peisistratiden
520–	
490	Kleomenes I. König von Sparta
508	Kleisthenes' Reform der athenischen Verfassung
490–	
479	Perserkriege

Erster Teil

Die Bronzezeit

1. Einleitung

Bei der Beschäftigung mit der Frühgeschichte des Menschen machen sich die Fortschritte auf technologischem Gebiet besonders rasch und eindrucksvoll bemerkbar. Deshalb ist es seit langem üblich, die Frühgeschichte nach dem Material, aus dem Schneidewerkzeuge und Waffen gefertigt waren, in Epochen aufzuteilen, d.h. in Steinzeit, Kupferzeit, Bronzezeit und Eisenzeit. Als man dann mehr Kenntnisse über die Frühgeschichte besaß, wurden diese Epochen auf verschiedene Art weiter unterteilt. Seit wir z. B. wissen, daß Feuerstein und andere Steine von einer bestimmten Zeit an neuartig geschärft wurden, nämlich durch Schleifen anstatt des früheren Splitterns, teilte man die Steinzeit in eine ältere und eine jüngere Periode (Paläolithikum und Neolithikum). Bald mußte vom Frühen, Mittleren und Späten Paläolithikum, von einer ‚Zwischenzeit‘, dem Mesolithikum, von älterer und jüngerer Bronzezeit usw. gesprochen und jedes Zeitalter nach Landschaft und Kultur unterschieden werden.

Auf diese Weise entstand eine Kurzschrift, die wir immer noch benutzen, obwohl man sich mehr und mehr über ihre Unzulänglichkeit und Tendenz zur Irreführung klar wird. Kupfer kannte man z.B. schon im steinzeitlichen Griechenland, wohl ein Jahrtausend vor dem üblicherweise angesetzten Beginn der Bronzezeit, und eine allgemeine Verwendung von Metall für Werkzeuge und Waffen gab es erst weitere tausend Jahre nach 3000 v. Chr. Darüber hinaus waren Holz, Knochen, Ton, Häute und Webwaren nicht weniger wichtige Werkstoffe, aber nicht alle dauerhaft genug, um bis heute erhalten zu bleiben. Sie wurden während des ganzen Entwicklungsverlaufs von der Steinzeit bis zur Eisenzeit gebraucht und können in unserer traditionellen Zeiteinteilung nicht berücksichtigt werden. Dazu kommt, daß sich tiefgreifende Veränderungen auf wirtschaftlichem Gebiet, im Sozialgefüge und den politischen Machtverhältnissen auch *während* der traditionell festgelegten Zeiträume abspielten. Heute ist beispielsweise unbestritten, daß die eigentliche Trennlinie zwischen Paläolithikum und Neolithikum nicht durch die neuartige Bearbeitung des Feuersteins, sondern durch die Einführung der Landwirtschaft bestimmt wird. Schließlich gab es auch beachtliche Zeitunterschiede in der technologischen und gesellschaftlichen Entwicklung der verschiedenen Gegenden Europas und Westasiens, ganz abgesehen von den anderen Kontinenten.

Trotz dieser Überlegungen (und im Folgenden soll darüber noch mehr gesagt werden) ist es doch selbstverständlich, daß es irgendwelche Konventionen dieser Art geben muß, die Jahrtausende der Vorgeschichte darzustellen. Bis eine bestimmte Kultur die Schrift entdeckt hatte und sie zur Aufzeichnung ihrer Taten, ihres Glaubens und ihrer Geschichte benutzte, stehen dem Forscher heute nur archäologische Zeugnisse, also materielle Überreste als Arbeitsmaterial zur Verfügung. Er kann weder Sprach- noch Volksgruppen, Dynastien, Regierungsformen, Revolutionen oder Kriege näher bezeichnen. Es wäre auch sinnlos, die Zeitspanne von 40000 bis 4000 v.Chr. in Jahrhunderte zu teilen. Erst um 3000 v.Chr. endet die Vorgeschichte in Mesopotamien (heute Irak) und Ägypten, um 2000 v.Chr. in Kleinasien und Syrien, um 1000 v.Chr. in Griechenland und überall weiter westlich noch später. Genauer gesagt, sind hier eher die Zeitpunkte skizziert, als die Vorgeschichte allmählich in Geschichte überging. Schrift wurde noch lange Zeit so selten verwendet und überliefert, daß das archäologische Material unerläßlich, ja oftmals die Hauptsache bleibt.

In Griechenland begann die Bronzezeit um oder bald nach 3000 v.Chr. Bis vor kurzem war man übereinstimmend der Ansicht, die Kunst der Metallgewinnung sei aus dem Osten dorthin gedrungen. Heute steht aber fest, daß das Hüttenwesen in Mitteleuropa lange genug bekannt war, so daß es sich auch von dort her ausbreiten konnte. Es gibt allerdings auch Prähistoriker, die an eine unabhängige Erfindung innerhalb der ägäischen Welt denken, doch ich bin davon nicht überzeugt.

Ob der Beginn der Bronzezeit mit Einwanderungen nach Griechenland in Verbindung steht, ist ungewiß und ebenfalls sehr umstritten. Die Meinungen reichen von der unbedingten Befürwortung einer solchen Bewegung, mit der sich die kulturellen Neuerungen erklären

Karte 1. Die Ägäische Welt im Bronzezeitalter

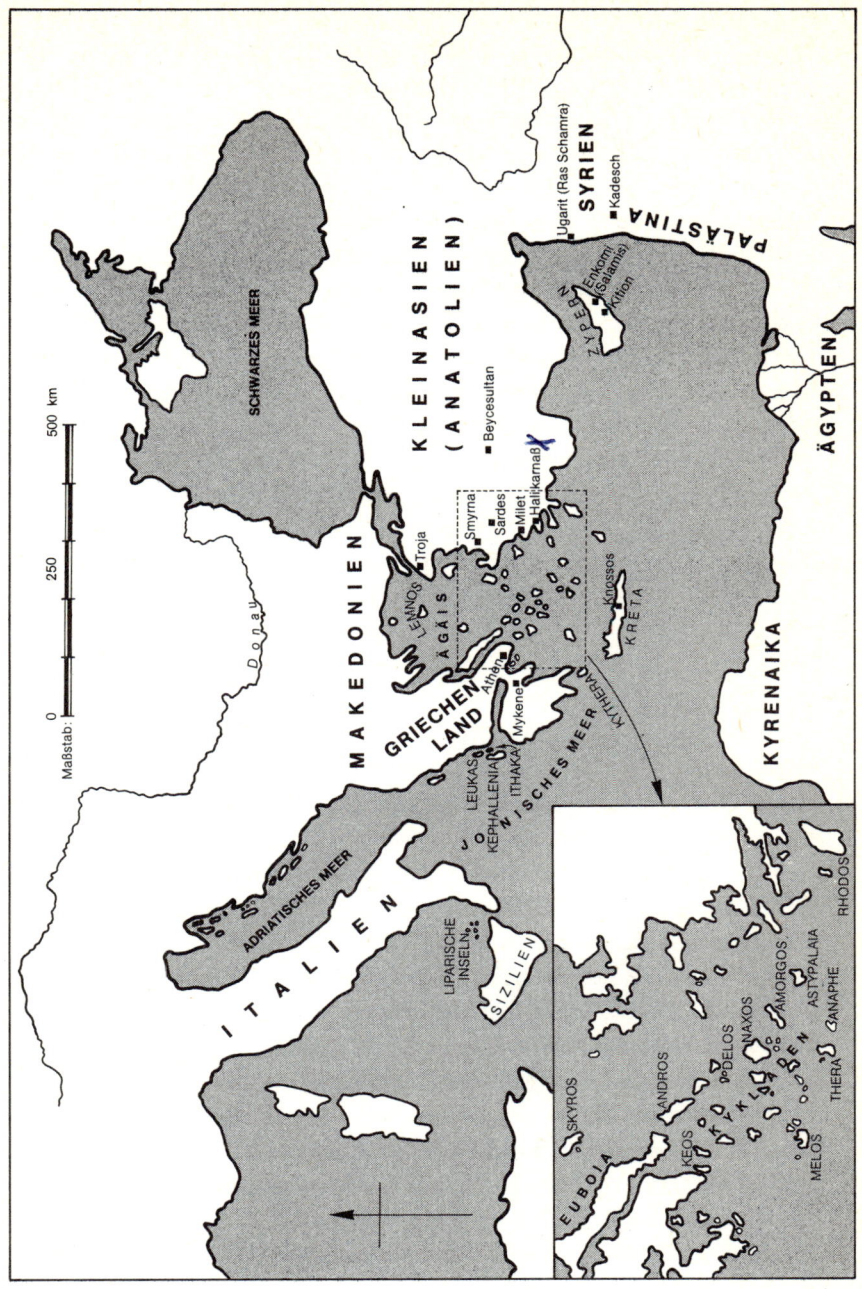

ließen, bis zu ihrer völligen Ablehnung. Es hat zum Auftreten des Me-
talls sicher keiner Einwanderungen bedurft, aber sie waren zweifellos
möglich, denn schließlich war das Ägäische Meer schon seit dem frühesten Neolithikum, ja vielleicht lange zuvor, ein Verkehrsweg für
Menschen und Ideen. Aus dem Osten, wahrscheinlich Kleinasien,
wurden mindestens einige der Zuchtgetreidesorten und Haustierarten
eingeführt, die den Beginn des Neolithikums kennzeichnen. Wie sie
herüberkamen, wissen wir nicht, aber zur selben Zeit, spätestens um
6000 v. Chr., wurde Obsidian, das schwarze, vulkanische Glas, im Bereich zwischen Südmakedonien und Kreta für Werkzeuge verwendet.
Es stammt, wie die spektroskopische Analyse ergeben hat, von der Insel Melos, doch dort ist bisher keine Spur einer so frühen Bevölkerung
gefunden worden. Es scheint also, daß in der frühen Jungsteinzeit die
Festlandsbewohner und offenbar auch die Kreter mit der Seefahrt genügend vertraut waren, um sich regelmäßig aus den melischen Obsi-
dianbrüchen zu versorgen. Wenn das zutrifft, könnten auch die ersten
domestizierten Pflanzen und Tiere zu Schiff über das Mittelmeer gelangt sein, ob nun im Zuge einer regelrechten Einwanderung oder
nicht.

   Die griechische Halbinsel stellte, kurz gesagt, keine geschlossene
Einheit dar und bis vor kurzem eigentlich überhaupt keine wie immer
geartete Einheit (noch heute herrscht keine Übereinstimmung über
die Grenzen ‚Griechenlands‘). In seiner Vorgeschichte und Geschichte war Griechenland Teil einer größeren ägäischen Gesamtheit, zu der
das griechische Mutterland, die Inseln mit Kreta und Zypern und die
Westküste Kleinasiens gehörten. Dieses ganze Gebiet hatte, um es generell zu sagen, ein gemeinsames Klima, gleichartige Bodenbeschaf-
fenheit und Bodenschätze und damit auch eine ähnliche Lebensweise.
Wegen ihrer Lage diente die ägäische Welt auch als Brücke zwischen
Ägypten und dem Nahen Osten einerseits und Mittel- und Osteuropa
auf der anderen Seite *(Karte 1)*.

   In Griechenland hat man jetzt Siedlungsspuren des Menschen aus
der mittleren Altsteinzeit, vor mindestens 40000 Jahren, nachgewiesen. Ein Neandertal-Schädel wurde auf der Halbinsel Chalkidike in
Ostmakedonien entdeckt, und in Westmakedonien, Epirus, Kerkyra
(heute Korkyra, Korfu), der thessalischen Ebene, Boiotien und Elis,
nordwestlich von Olympia, häufen sich die paläolithischen Fundstät-

ten. Aber es gibt nur an einer Stelle, unterhalb von Ioannina in Epirus, Anhaltspunkte für eine Siedlungskontinuität bis ins Neolithikum und in die Bronzezeit. Die neolithische Keramik scheint dort eher mit Fundstücken aus Italien verwandt als mit Scherben von anderen griechischen Orten, wie etwa Nea Nikomedeia in Makedonien, (allerdings, wie ich zugebe, ein subjektiver Eindruck). Da man fast alle diese Entdeckungen erst seit den späten 5oer Jahren gemacht hat, wäre es tollkühn, jetzt schon ein allgemeines Urteil über das Ausmaß des griechischen Paläolithikums abgeben zu wollen und seine Ursprünge und Beziehungen zu erörtern. In Nea Nikomedeia, wo um 6000 v. Chr. eine Siedlung bestand, in der Weizen, Gerste, Linsen und Erbsen angebaut wurden, Schafe, Schweine, Ziegen und Rinder gehalten, Körbe geflochten und vier Arten von Keramik hergestellt, sind keine paläolithischen Funde aufgetaucht. Hier scheint das Leben mit der ganzen Skala der neuen Fertigkeiten begonnen zu haben, während manche frühneolithischen Siedlungen, wie Sesklo in Thessalien und Knossos in Kreta, kurze vorkeramische Phasen hatten. Jede neue Grabung bringt weitere Varianten und Probleme und macht uns immer wieder deutlich, daß die Abweichungen innerhalb der griechischen, geschweige denn der ägäischen Welt ein unerläßlicher Bestandteil ihrer Vorgeschichte sind. Wir finden allerdings keine Erklärung für sie, wie es nicht anders sein kann, wenn Kenntnisse ganz und gar von materiellen Zeugnissen abhängig sind.

Die uns bekannten frühneolithischen Fundorte, an denen Keramik gemacht und Landwirtschaft betrieben wurde, sind so weit verbreitet, daß man versucht ist, diese fundamentalen Neuerungen in Griechenland mit einer Einwanderung oder Wanderbewegungen in Verbindung zu bringen. Diese frühen Siedlungen waren klein und hatten höchstens ein paar hundert Einwohner. In Knossos gab es anfangs auf einem Stückchen Land, das keinen halben Hektar groß war, offenbar noch weniger Menschen. Die Häuser hatten nur einen einzigen Raum und lagen, im Gegensatz zu den engen, dicht bebauten Ortschaften des Nahen Ostens, im Dorfbereich verstreut. In den folgenden 3000 Jahren vermehrte sich die Bevölkerung beträchtlich, wie wir an der Ausbreitung von Wohnstätten in neue Gebiete erkennen und an der größeren Siedlungsdichte in älteren Orten. In vieler Hinsicht sind Wachstum und Entwicklung festzustellen, in der reichen Vielfalt der

Nahrungsmittel, der Verbesserung und fortgeschrittenen Spezialisierung von Gerätschaften und Waffen, bei Keramik und ihren Ornamenten, Transport und Architektur. Wenn es zutrifft, was man von anderen frühen, besser bekannten Ackerbaugesellschaften vermutet, gab es sogar eine Art Arbeitsteilung (die es bei Jägern und Sammlern nicht geben kann) und die Anfänge einer gesellschaftlichen Schichtenbildung. Dazu kamen bleibende Umweltveränderungen durch das Roden der Wälder und das ständige Mähen und Grasen, die sich auf die Dauer nicht alle günstig ausgewirkt haben.

Wie wir gesehen haben, ist die sogenannte ältere Bronzezeit also nicht dadurch bestimmt, daß die seit alter Zeit vorhandenen metallurgischen Kenntnisse nun im großen Stil praktisch angewendet wurden. Gegenstände aus Metall blieben im ägäischen Raum eine Seltenheit und sind in bestimmten Gebieten, wie etwa Kreta, fast überhaupt nicht gefunden worden. Ob aus Kupfer, Blei, Bronze oder Silber, es waren vor allem Waffen, Schmuckstücke oder Gerätschaften, die vielleicht religiöse Bedeutung hatten. Werkzeuge aus Metall sind selten bezeugt und wurden allenfalls für Handwerker, nicht für den Landmann hergestellt. Kurz, Metall war in der ägäischen Welt anfangs und noch ziemlich lange danach ein Luxusartikel und vermutlich nur für eine wohlhabendere Schicht erschwinglich, die während des voraufgegangenen Neolithikums emporgekommen war. Das Arbeitsmaterial bestand weiterhin aus Stein, gebranntem Ton, Knochen und Holz (und war, wohlgemerkt, nie völlig zu ersetzen), bis wir schließlich am Ende des 3. Jahrtausends im ganzen ägäischen Bereich eine beachtliche Zunahme von Metall beobachten, sowohl bei der Menge, die nun verarbeitet wird, als auch in seiner vielfältigen Verwendung.

Der Beginn des eigentlichen Metallzeitalters warf völlig neue Probleme auf. Wenn eine Gesellschaft auch nur teilweise vom Metall abhängig ist, muß innerhalb ihrer Sozialstruktur in vorher ungeahntem Maß Raum für Spezialisten gefunden werden, und sie muß unaufhörlich für die Beschaffung der seltenen Rohstoffe sorgen. Der ägäische Raum ist jedoch arm an Metall. Für die geringen Bedürfnisse der ersten ägäischen Metallurgen haben vielleicht die hier und da vorhandenen lokalen Vorkommen genügt, und die moderne Bodenforschung hat auch einige aufgespürt, aber nicht annähernd in allen Gegenden, in denen auch Metallgegenstände gefunden wurden. Mit steigender

Nachfrage mußten Zinn und Kupfer importiert werden, später Eisen. Woher der größte Teil des Zinns stammte, ist uns heute ein Rätsel, auch wenn sich hier manche Kollegen ganz sicher sind.[1] Kupfer und Eisen waren jedoch in vielen Gegenden Europas und Asiens verbreitet. Diese Metalle über weite Entfernungen zu transportieren, war eine wichtige Aufgabe der antiken Gesellschaft, und manche Niederlassungen sind vielleicht deshalb so bedeutend gewesen, weil sie an einer Handelsstraße für Metalle lagen. Sehr ansprechend erscheint die Annahme, daß Troja, das von Anfang an Metallverhüttung betrieb, den frühen Reichtum seiner Stellung als Brückenkopf verdanken könnte, über den der Metalltransport zwischen der unteren Donau, der Ägäis und Kleinasien ging.

Die rasche Entwicklung der lokalen metallurgischen Betriebe ist an zahlreichen Orten der Ägäis nachzuweisen, manchmal durch Schlakkenhalden und andere deutliche Spuren der Werkstätten selber, öfter durch den Wandel von Stil und Technik der fertigen Produkte. Auch der ausgedehnte innerägäische Handel ist jetzt archäologisch einwandfrei bezeugt, ganz im Gegensatz zu den Jahrhunderten zuvor. Die Siedlungen und kleinen Dörfer der früheren Tage wirken nun stattlicher, nahezu ‚urban‘ mit ihren steinernen Befestigungsanlagen, und liegen vorzugsweise auf niedrigen Hügeln und Kuppen am Meer oder in der Nähe eines Sees. Das ist jedoch der einzige Hinweis darauf, daß der zunehmende Wohlstand, die größere Spezialisierung und der vielseitige Bedarf des Außenhandels an Metallwaren eine entscheidende Wirkung auf Organisation und soziale Rangordnung der Gesellschaft ausübten. Für politische Beziehungen zwischen den Gemeinden fehlt jeder Anhaltspunkt.

Es wäre schön, wenn wir unsere Wissenslücken mit Hilfe der etwa gleichzeitigen Entwicklung in Ägypten und Mesopotamien füllen könnten, aber vor dieser Versuchung muß man sich hüten. Schon ein Blick auf die archäologischen Hinterlassenschaften genügt, um festzustellen, wie rasch und vollständig die Kulturen im Nahen Osten die ägäische Zivilisation in Maßstab und Vielfalt überflügelt haben. Das gilt nicht nur für einzelne Gemeinden und ihre Bauten, sondern bald darauf auch für die Machtentfaltung dieser Gemeinden nach außen hin. Hier macht nicht einmal Troja eine Ausnahme, erst mit den kretischen Palästen, die nach 2000 v. Chr. entstehen, bringt die ägäische

Welt wirklich großartige Leistungen hervor.[2] Vor allem fehlt die Schrift. Aber als sie dann schließlich in Griechenland und Kreta aufgetaucht war, breitete sie sich nur langsam und nicht überallhin aus (gelangte z. B. nie nach Troja) und wurde so beschränkt verwendet, daß man diese Jahrhunderte, als die Linear-A und Linear-B-Schrift (s. Kapitel 4 und 5) in den Palastarchiven benutzt wurden, eigentlich noch zur griechischen Vorgeschichte rechnen müßte anstatt zur Geschichte.

Wenn eine Gesellschaft schriftlos ist, bedeutet es an sich schon eine schwere Beeinträchtigung für sie. Für den heutigen Historiker ist es geradezu lähmend. Die ‚Ereignisse' der ägäischen Vorgeschichte, die wir nur aus sehr viel späteren Mythen und Überlieferungen kennen, lassen sich an den Fingern abzählen und sind bestenfalls hochproblematisch, wie wir sehen werden. Archäologische Forschungen bringen Katastrophen ans Licht, können uns aber nicht sagen, was dazugeführt hatte oder wer beteiligt war, obwohl in einigen wichtigen Fällen weitreichende, einigermaßen wahrscheinliche Folgerungen möglich sind. Genausowenig kennen wir einzelne Persönlichkeiten, nicht allein wegen der besonderen Art der Schrifttexte, sondern auch weil es erstaunlicherweise in der Bildkunst keine Porträts gibt. Es gibt weder Palast noch Grab, die schön beschriftete Obelisken enthalten oder als individuelle Persönlichkeit gekennzeichnete Statuen und Wandbilder, die man nur im entferntesten mit den allgegenwärtigen Bildern der Herrscher und Edlen, Krieger, Schreiber, Priester und Götter des Nahen Ostens vergleichen könnte. Die Herrscher in Knossos, Mykene und Troja haben versäumt, sich ein Denkmal zu setzen. Jedem steht es frei, in König Minos von Knossos, Agamemnon von Mykene und Priamos von Troja historische Persönlichkeiten statt mythischer Gestalten zu sehen; an Ort und Stelle hat man jedoch nicht das geringste von ihnen gefunden, nicht einmal die Namen in Stein oder auf einem Siegel.

Diese unbefriedigenden Ergebnisse behindern und verunsichern auch die Chronologie. Unter den datierten Objekten aus dem ägäischen Bereich ist keines, das nicht importiert wäre (es gibt von dieser Art aber überhaupt sehr wenige). Es sind alles archäologische Datierungen. Die relative Chronologie gewinnt man zunächst aus der Stilentwicklung der Keramik und den Strata oder Schichten an den verschiedenen Grabungsstätten. Der Punkt, auf den es ankommt, die ‚absoluten' Daten, werden dann durch Synchronisierungen festgelegt, die durch datierte Import- und Exportstücke aus Ägypten und Syrien möglich sind. Schließlich teilt man die Zeitspanne zwischen jeweils zwei ‚absoluten' Daten entsprechend der Menge der Fundgegenstände und ihren stilistischen Veränderungen. Die Entwicklungen in der Architektur ermöglichen eine zusätzliche Kontrolle.

Dabei ist von größtem Nachteil, daß man unmöglich genau genug angeben kann, wie schnell sich entweder Stil und Technik bei der Keramik und bei anderen Dingen wandeln oder sich die Schichtung verändert. Man muß stets eine Fehlerquote berücksichtigen, sogar bei den neuen naturwissenschaftlichen Untersuchungen, wie dem C-14 Test, und wenn ein Spielraum von hundert Jahren auch unwesentlich erscheint, solange man sich mit einem Jahrtausend oder mehr befaßt, sind es immerhin drei Generationen.[3] Ein Irrtum in dieser Größenordnung kann daher falsche Vorstellungen über Bevölkerungszunahme, Umschichtungen und Auswanderungen hervorrufen, und das Risiko wird umso größer, sobald zwei oder mehr Kulturen zueinander in Beziehung gesetzt werden. Mit so präzisen Daten wie 1440 oder 1270 v. Chr. überschreiten Archäologen daher die Grenzen des Angemessenen und umgeben ihre Überlegungen mit einem falschen Schein von Gewißheit.

Solange man innerhalb dieser Grenzen bleibt, sind annähernde Datierungen nützlich und fast unentbehrlich. Die Zeittafel am Anfang unseres Buchs gibt für die Bronzezeit an, welche Epochen in Griechenland, Kreta, Zypern und Troja zeitlich zusammenfallen. Sie soll nichts weiter als ein Orientierungsschema sein, das vielen Archäologen nach unserem heutigen Wissensstand angemessen scheint. Eine eher harmlose Gewohnheit ist es, die einzelnen Zeitabschnitte auf dem griechischen Festland helladisch, auf Kreta minoisch und auf den Inseln kykladisch zu nennen. Ein weiteres herkömmliches Verfahren ist die erneute doppelte Dreiteilung in eine frühe, mittlere und späte Phase, die dann jeweils in Phase I, II und III untergeteilt werden. Damit ist zwar trotz aller Unregelmäßigkeiten im Zeitablauf zwischen dem Helladischen, Minoischen und Kykladischen ein ästhetisch gefälliges Schema entstanden, und manchmal sind Anfang, Mitte und Ende auch recht gut auszumachen. Die Dreiteilung ist aber andererseits an vielen Orten nicht berechtigt und führt dazu, daß man das wachsende Material, das nur schwer einzuordnen war, mit Gewalt in ein System zu pressen suchte, das in der Anfangszeit der archäologischen Erforschung der Ägäis erdacht war. An bestimmten Stätten empfiehlt es sich, wie die Ausgräber von Troja und anderen Orten vorzugehen, und die Phasen, mit I beginnend, nacheinander zu numerieren. Bei einem größeren Bereich wäre ein allgemeineres Ordnungsschema wünschenswert. In diesem Buch sind die bisher üblichen Dreiteilungen zu Verweisungszwecken beibehalten worden, da wir vorläufig noch kein anderes Schema haben.

2. Die ‚Ankunft der Griechen‘

Die Schwächen unserer herkömmlichen, allzu symmetrischen Einteilung der Bronzezeit in Triaden und Subtriaden erweisen sich daran, daß der im archäologischen Befund am deutlichsten und weitesten spürbare Umbruch zwischen Frühhelladisch II und III auftritt, anstatt zu Beginn von Frühhelladisch I oder in der Übergangszeit vom Frühen zum Mittleren Helladikum, die man meist ins frühe 2. Jahrtausend v. Chr. setzt. Die Keramikfunde ergeben, daß sich gegen Ende des 3. Jahrtausends an einigen bedeutenden Stätten der Argolis, in Lerna, Tiryns, Asine, Zyguries und wahrscheinlich Korinth, schwere Zerstörungen ereignet haben, von denen anscheinend auch Attika und die Kykladen betroffen waren *(Karte 2)*. Wir wissen noch nicht genau, wie weit sich die Verwüstungen über Griechenland hinzogen. Aber wenn sie auch nicht überall auftraten, wird doch die Tatsache kaum Zufall sein, daß etwa im letzten Jahrhundert des dritten Jahrtausends auch jenseits der Ägäis in Troja II Brandspuren und Zerstörungen nachweisbar sind, ferner in Beycesultan im Quellgebiet des Mäander und an vielen anderen Plätzen, sogar in Palästina *(Karte 1)*.

Es war ein Umbruch in seiner vollsten Bedeutung. Die archäologischen Zeugnisse dokumentieren Veränderungen aller Art, selten aber so nachdrückliche und plötzliche wie damals, die sich so weithin bemerkbar machen. In Griechenland sollte sich bis zum Ende der Bronzezeit 1000 Jahre später nichts Vergleichbares ereignen. Dabei stürzten Siedlungen buchstäblich zusammen, die für damalige Zeiten reich und mächtig gewesen waren und eine dauerhafte, ununterbrochene Geschichte gehabt hatten, und was nun folgte, war nach Maßstab und Niveau nicht mehr zu vergleichen. Die Archäologie ist zwar meist außerstande, die Völker zu benennen oder die Katastrophen näher zu bezeichnen, aber man könnte sich fragen, ob diese besondere Verkettung von unheilvollen Ereignissen nicht bezeugt, daß auf der einen Seite des ägäischen Meeres Völker einfielen, die eine frühe Form des Griechischen sprachen, während zur selben Zeit auch auf der Ostseite

Karte 2. Griechenland in der Bronzezeit

Einwanderer eindrangen, die andere, miteinander verwandte indogermanische Sprachen, Hethitisch, Luwisch und Palaisch hatten.

Man zögert begreiflicherweise, diese Frage so direkt zu stellen. Die
Neigung, Sprache mit Rasse gleichzusetzen, hat in der Vorgeschichts-
und Geschichtsforschung heillose Verwirrung angerichtet, seit man
entdeckte, daß sich die Sprachen Europas, Asiens und Nordafrikas in
‚Sprachfamilien' einteilen lassen, und zwar hauptsächlich aufgrund
von vergleichbaren Sprachstrukturen (die oft nur der Gelehrte wahr-
nimmt). Zu der großen indogermanischen Familie gehören die alten
Sprachen Indiens (Sanskrit) und Persiens, das Armenische, die slavi-
schen und einige baltische Sprachen (z. B. Litauisch), Griechisch und
Albanisch, die italischen Sprachen mit Latein und seinen modernen
Nachfolgern, die keltische Sprachgruppe, von der Gälisch und Wali-
sisch bis in unsere Tage ihre Lebensfähigkeit bewahrt haben, die ger-
manischen Sprachen und verschiedene tote Sprachen, die einst auf
dem Balkan gesprochen wurden (Illyrisch) oder in Kleinasien (z. B.
Hethitisch und Phrygisch). Die bestenfalls ‚romantisch' zu nennende
Vorstellung eines ‚indogermanischen Volkes' mit besonderen Sitten,
Einrichtungen und Gesetzen, das über die Erde hinweggefegt war und
die Kulturen, die es vorfand, durch seine eigene ersetzt hatte, die es
aus einer hypothetischen Heimat mitgebracht hatte, ist heute aus der
seriösen Wissenschaft verschwunden. Dergleichen ist weder in Griechenland noch in Kleinasien durch irgendein Zeugnis bestätigt. Auch
die Errungenschaften und Kultur des großen Hethiterreichs, das in
der 2. Hälfte des 2. Jahrtausends Kleinasien beherrschte (und darüber
hinaus Einfluß besaß, wie uns zahllose Urkunden in der von den Hethitern aus Babylon übernommenen Keilschrift wissen lassen), hatten
sich aus den Verhältnissen innerhalb Anatoliens (Kleinasiens) entwik-
kelt und waren nicht schon in dieser fertigen Form durch einen einzigen Eroberungszug einer Völkerwanderungsbewegung dorthin verpflanzt worden. Ähnlich verhält es sich vermutlich mit der ‚Ankunft
der Griechen', die vor den Linear-B-Täfelchen nichts Schriftliches
hinterlassen haben.

Aber bei alledem sollte ein Stück Realität nicht übersehen werden.
Wohl schon vor dem Ende des 2. Jahrtausends v. Chr. war die Zeit gekommen, als in großen Teilen Europas und weiten Bereichen Zentral-
und Westasiens die eine oder andere indogermanische Sprache ge-

sprochen wurde, die in diesem unermeßlichen Gebiet durchaus nicht seit undenklichen Zeiten heimisch war. Wir dürfen annehmen, daß diese Sprachen die ganze Bronzezeit hindurch, in einigen Gegenden nachweislich sogar bis in historische Zeiten auf ihrem eigenen Gebiet Sprachrivalen hatten. Man muß also davon ausgehen, daß Völkerwanderungen dafür verantwortlich sind und daß der heutige Sprachatlas das Ergebnis nicht einer, sondern mehrerer Völkerbewegungen ist, die zu verschiedenen Zeiten von verschiedenen Zentren aus, in unterschiedliche Richtungen stattfanden. Im Gegensatz zu neuen Technologien wurde eine neue Sprache von einem Volk nie aufgenommen, wenn nicht Einwanderungen vorausgegangen waren und der Bevölkerung ein neues Element hinzugefügt worden war.

Anders wäre die nahe Verwandtschaft innerhalb der indogermanischen Sprachfamilie wie z. B. zwischen Sanskrit und Litauisch nicht zu erklären. Ein Teil dieser Völkerwanderungen könnte sich in den großen Zerstörungen widerspiegeln, die im späten 3. Jahrtausend v. Chr. in Griechenland, Troja und anderen anatolischen Orten stattgefunden haben. Bis jetzt ist diese Hypothese freilich noch nicht zu beweisen. Die archäologischen Zeugnisse werfen selten ein direktes Licht auf die Geschichte der Sprachen oder gar auf Wanderbewegungen, auf die uns dann andere Quellen oder linguistische Überlegungen hinführen müssen. So sind z. B. die Hunnen, um ein späteres Beispiel zu nennen, in der mitteleuropäischen Archäologie niemals eindeutig nachgewiesen, obwohl wir über ihre verheerenden Züge nach Europa genau Bescheid wissen. Eine weitere Schwierigkeit ist, daß man nach Eroberungen nie voraussagen kann, wie sich die Sprachen verhalten werden. Die Normannen konnten trotz des überlegenen Siegs und ihrer Machtposition den Engländern das normannische Französisch nicht aufzwingen, während sich Magyarisch (Ungarisch), aus der Ural-Altaischen Sprachfamilie, bis heute als Sprachinsel inmitten von indogermanischen Sprachen behauptete, zu denen es keinerlei Beziehung hat (Deutsch, Rumänisch und mehrere slawische Sprachen).

Wir müssen daher etwas näher darauf eingehen, was es heißt, und auch was es nicht bedeutet, daß Indogermanisch Sprechende vor 2000 v. Chr. in den ägäischen Raum eingedrungen sind. Rassische Folgerungen sind von vornherein auszuschließen; es wäre absurd, die Ankömmlinge schon als ‚Griechen‘ anzusehen, die auf geheimnisvolle

Weise mit den 700 oder 800 Jahre jüngeren Herrschern von Mykene verwandt sind oder gar mit Sappho, Perikles und Platon. Man muß auch nicht notwendig annehmen, daß ihre Sprache bei der Einwanderung schon eindeutig Griechisch gewesen ist. Das uns bekannte Griechisch ist höchstwahrscheinlich erst in Griechenland selbst entstanden, als das Idiom der Einwanderer von dem der eingesessenen Bevölkerung beeinflußt wurde. Es trat spätestens in mykenischer Zeit in Erscheinung, wie wir an den Linear-B-Täfelchen sehen. Spätere Wandlungen und Veränderungen der Sprache zeigen, daß es bis dahin im gesamten Bereich zwei oder vielleicht drei nahverwandte griechische Dialekte gegeben haben könnte. Das völlig ausgebildete klassische Dialektschema, Jonisch, Aiolisch und Dorisch mit Varianten und Subkategorien wie dem Attischen, muß dann in die Zeit nach dem Zusammenbruch der mykenischen Welt gehören, also nach 1200 v. Chr. *(Karte 4)*.

Einen großen Teil der komplizierten griechischen Sprachgeschichte dürfen wir als rein linguistische Entwicklung ansehen. Es ist deshalb nicht nötig vorauszusetzen, daß es mehrere Einwanderungsschübe griechisch sprechender Einwanderer nach Griechenland gegeben habe, die jeweils ihren eigenen Dialekt mitbrachten, wie man allgemein annahm. Das soll nicht heißen, daß keine weiteren Wanderbewegungen z. B. von jenseits der Ägäis nach dem Ende des 3. Jahrtausends mehr stattgefunden hätten, für die Geschichte der Sprache sind sie jedoch nicht erforderlich. Das schwierigste Problem ist nun die Interpretation der archäologischen Daten. An vielen Orten ist deutlich zu sehen, daß im 2. Jahrtausend fortwährend wichtige neue Kulturmerkmale und Impulse nach Griechenland einflossen. Wir fragen uns, wie sie vermittelt wurden, durch Kaufleute und wandernde Handwerker oder durch Einwanderung und Eroberung, was die einfachste Erklärung wäre, zu einfach, wie mir scheint. Wir wollen hier zwei Neuerungen des Mittelhelladikums näher untersuchen.

Zunächst geht es um die sogenannte minysche Ware, eine charakteristische Keramikart, von ‚seifiger' oder ‚speckiger' Oberflächenbeschaffenheit. Sie war in Griechenland, auf den Inseln und in Teilen Westanatoliens von Beginn des 2. Jahrtausends, also Mittelhelladisch I an, auffallend weit verbreitet und galt in der Wissenschaft vielfach als Hauptmerkmal einer neuen Kultur, vermittelt durch Einwanderer, in

denen man gelegentlich ,Griechen' zu erkennen glaubte. Nun ist aber
in Lerna und andernorts Drehscheibenkeramik aus Frühhelladisch III
bezeugt, die sich durch keinerlei besondere Merkmale von minyscher
Ware unterscheidet, sondern nur eine frühere primitivere Variante
darstellt. Man muß also die große Verbreitung minyscher Ware in
mittelhelladischer Zeit keinesfalls mit einer Einwanderung in Verbindung bringen. Insgesamt spricht der archäologische Befund jetzt für
das frühere Datum, das Ende von Frühhelladisch III.

Die zweite Neuerung ist die Bestattungsart, die am Anfang des Mittelhelladikums weit verbreitet auftrat. Man legte flache, kistenartige,
oft mit Steinen ausgekleidete und mit einem Kieselboden versehene
Gräber an, die sog. ,Steinkistengräber', die ein einziges Begräbnis enthielten und mit einer Steinplatte bedeckt waren. Anfangs waren sie so
klein, daß der Tote in Hockerstellung bestattet werden mußte, auch
enthielten sie keine Grabbeigaben. Allmählich wurden sie größer und
reicher. All das ist nichts Neues, da dieser Brauch schon Jahrhunderte
zuvor auf den Kykladen üblich war, ungewohnt ist vielmehr, daß Kistengräber von Kindern, manchmal auch Erwachsenen, jetzt innerhalb des Hauses, unter dem Fußboden oder hinter Wänden, angelegt
werden. Das zeigt eine veränderte Anschauungsweise, aber muß deshalb eine Einwanderung stattgefunden haben? In diesem Fall müßten
die Ankömmlinge außerordentlich zahlreich und überlegen gewesen
sein, um in so kurzer Zeit eine neue Begräbnisart durchsetzen zu können. Außerdem ist seltsam, daß für Erwachsene noch immer die Friedhöfe außerhalb der Dörfer die Regel waren. In der Tat kannte die
ägäische Welt in der Bronzezeit und in historischer Zeit eine verwir-
rende Vielfalt von Bestattungsformen, die je nach Zeit und Gegend
abwechselten, aber auch oft in derselben Gemeinde über einen länge-
ren Zeitraum nebeneinander bestanden. Die Toten wurden in ver-
schiedenartigen Behältnissen entweder einzeln oder in Familiengrup-
pen begraben, gelegentlich auch nach der Verwesung exhumiert und
die Knochen darauf wieder bestattet. Schließlich kam noch die Ein-
äscherung hinzu. Die Gründe für den häufigen Wechsel können wir
freilich nicht nennen, aber es ist sicher, daß die meisten Veränderungen nicht durch Einwanderungen zustande kamen. Warum sollte
dann das plötzliche Auftreten intramuraler Bestattungen damit in
Verbindung gebracht werden?

Der direkte Reiseweg für Ideen, Verfahren und Erfindungen ist schon immer das ägäische Meer gewesen, zu Beginn des 2. Jahrtausends nicht anders als später. Seltsamerweise pflegt man den Völkern, mit denen wir uns hier beschäftigen, keinerlei Erfindungsgeist zuzutrauen, sondern man macht sie zu Entlehnern, um in anderen die Neuerer zu sehen. Auf jeden Fall bedeutet erfinderisch sein nicht, daß etwas aus nichts entstehen muß, und es ist nicht weniger hochzuschätzen und bedeutungsvoll, wenn sich aus einem übernommenen Gedanken etwas Selbständiges entwickelt. Wenn das Zentrum der Verwüstungen durch Eindringlinge im späten 3. Jahrtausend in der Argolis lag, wie es den Anschein hat, so folgt daraus, daß die Kulturepochen Frühhelladisch III und Mittelhelladisch, aus denen die späthelladische oder mykenische Kultur entstand, von hier ausgingen und sich verbreiteten. Damit ergibt sich ein völlig anderes Bild als die romantische Vorstellung vom Eroberungszug, der mit einem Schlag fast ganz Griechenland überrannt hatte. Die ,Ankunft der Griechen' bedeutet eigentlich die Ankunft eines neuen Bevölkerungselements, das mit den Ansässigen verschmolz, um allmählich eine neue Kultur hervorzubringen und sie nach Kräften zu verbreiten.

Wenn schon bestehende Siedlungsstätten zerstört wurden, müssen die Bewohner deswegen nicht umgekommen sein oder sich im Hinterland ähnliche Dinge zugetragen haben. Manchmal waren Orte eine Zeitlang verlassen, andere dagegen nicht. Das Leben war im bronzezeitlichen Griechenland außerdem nicht nur auf die wenigen Machtzentren wie Lerna (Frühhelladisch II) oder das späthelladische Mykene beschränkt. Wir haben die Illusion von Großartigkeit, weil bis jetzt nur ein Bruchteil von Siedlungsstätten ausgegraben ist und Archäologen ihre knappe Zeit und beschränkten Mittel begreiflicherweise lieber an Orten einsetzen, die ihnen möglichst ergiebig scheinen. Es wirkt sehr ernüchternd, die unlängst publizierte Aufstellung der damals bewohnten Stätten auf der südwestlichen Peloponnes durchzugehen, die bis jetzt bekannt sind. Auf kleinem Raum, begrenzt durch den Alpheios, das Taygetosgebirge, den Messenischen Golf und das Jonische Meer, könnte es fast 200 späthelladische Siedlungen gegeben haben und nach den sicher unvollständigen Zeugnissen etwa 100 aus dem Mittelhelladikum. Es waren meist nur kleine Dörfer, von denen viele am Ende der Bronzezeit für immer aufgegeben wurden.[1] Diese

Zahlen verdeutlichen nicht nur die ‚innere Kolonisierung‘ Griechenlands von mehreren Zentren aus, sondern auch das ständige Anwach-
sen der absoluten Bevölkerungsziffer. Es ist unmöglich, bei einer solchen Entwicklung Neuankömmlinge von länger Ansässigen unterscheiden zu wollen. Ebensowenig läßt sich auseinanderhalten, wer jeweils zu der neuentstehenden Kultur, oder besser dem kulturellen
Komplex, beigetragen hat. Insgesamt haben alle auf die eine oder andere Weise daran mitgewirkt, einschließlich der Bevölkerung außerhalb der griechischen Halbinsel, also Kretas, der Kykladen und Anatoliens.

Über diese neue Kultur wissen wir jedoch leider bis kurz vor
1600 v. Chr. wenig zu sagen. Dann wird an den Schachtgräbern von
Mykene das unerwartete Auftreten von Macht und üppigem Reichtum sichtbar. Seit Beginn von Frühhelladisch III und während des ganzen Mittelhelladikums waren die materiellen Überreste 500 oder
600 Jahre lang gleichbleibend kläglich, so daß uns das folgende große
Zeitalter völlig überrascht. Die Ortschaften (sogar Lerna kann um diese Zeit nicht mehr als ein Flecken genannt werden) sind einander im
allgemeinen recht ähnlich, meist auf Bodenerhebungen oder niedrigen Hügeln gelegen, unregelmäßig gewachsen anstatt angelegt, zu-
sammengedrängt, ohne Paläste oder auch nur größere Gebäude. Me-
tallwerkzeuge und Waffen waren armselig, letztere überhaupt selten
und zu kostbar, um als Grabbeigaben verschwendet werden zu können. Obwohl Keramikfunde vermuten lassen, daß zwischen der Argolis und den westlich liegenden Inseln Ithaka und Leukas, vielleicht sogar zu den Liparischen Inseln nördlich von Sizilien, Kontakte bestanden, überwiegt für das Mittelhelladikum allgemein der Eindruck von
grauer Gleichförmigkeit und Isolation. Nur das Erscheinen von Er-
zeugnissen aus Kreta und das Auftauchen von Einflüssen aus Kreta,
die fast von Anfang an vorhanden sind, setzt gelegentlich einen anderen Akzent. Hin und wieder finden wir z. B. einen aus Kreta importier-
ten Becher oder eine Vase in einem Grab auf dem Festland, und die
Töpfer in Athen und anderen Orten fangen an, minoische Formen in
ihre Keramik einzuführen.

Es ist schwer zu sagen, was diese Verbindungen nach Kreta bedeuten. Für einen politischen Einfluß Kretas auf Griechenland im 18. oder
17. Jahrhundert fehlt jeder Anhaltspunkt. Die kümmerlichen materiel-

len Zeugnisse verraten nichts von den Entwicklungen in Gesellschaftsordnung und Ideenwelt, die, wie wir wohl annehmen dürfen, der
künftigen mykenischen Kultur zugrunde lagen. Nur die schon erwähnte Zunahme an Siedlungsstätten und das damit verbundene Be-
völkerungswachstum sind ein Hinweis darauf, daß sich allmählich etwas Bedeutsames vorbereitete.

3. Kykladen und Zypern

Im Gegensatz zum westlichen Teil ist das östliche Mittelmeer von Inseln übersät. Außer Rhodos und Zypern haben sie in historischer Zeit hauptsächlich wegen ihrer Kleinheit und dem Mangel an Bodenschätzen nur selten eine unabhängige Rolle gespielt. Früher aber, als es überall wenig Menschen gab und Technik und Gesellschaftsordnung noch auf niedrigem Stand waren, bildeten manche Inseln oder Inselgruppen zeitweise die Avantgarde in der kulturellen Entwicklung. Kreta hat schließlich alle überflügelt, es war aber in der frühen Phase der Metallgewinnung verhältnismäßig rückständig.

Zunächst wollen wir uns den Kykladen zuwenden, einem Schwarm kleinerer Inseln, der mit Keos und Andros in der Nähe der Südspitze von Attika und Euboia beginnt, sich dann südöstlich bis Thera (heute Santorini), Anaphe und Astypalaia erstreckt und in der Mitte des Ägäischen Meeres eine Brücke zwischen Griechenland und Kleinasien bildet. Der schroffe Anblick dieser Inseln, deren Größe zwischen 416 km² (Naxos) und bloßen, aus der See ragenden Felsriffen schwankt, ist manchmal trügerisch. So unwirtlich nämlich die Küsten mit wenigen Ausnahmen für moderne Schiffe sind, gibt es doch zahllose Buchten, die für Schiffe der Bronzezeit durchaus geeignet waren, ob sie nun in friedlicher Absicht oder als Seeräuber kamen. Viele Inseln besaßen Ackerland, und der größte Teil der Bewohner ernährte sich mehr von Ackerbau und Fischfang, den Schaf-, Ziegen- und Schweineherden als durch die Seefahrt. Andererseits verdanken die Kykladen ihre Bedeutung, die uns hier interessiert, neben der Stein- und Metallbearbeitung auch der Seefahrt, und dazu paßt es wiederum, daß die meisten frühen ägäischen Schiffsdarstellungen von dort stammen – kleine Bleimodelle aus Naxos *(Abb. 3)*, wahrscheinlich vor 2500 v. Chr. zu datieren, und etwas später die flachen, runden, mit geritzten Bildern bedeckten, tönernen ‚Kykladenpfannen‘, wie Archäologen sich nun einmal ausdrücken *(Abb. 2)*. Die Schiffe haben ei-

nen steilen Bug, keine Segel und etwa ein Dutzend Ruder auf jeder
Seite.

Nach ihrer Auffindung blieben die naxischen Modelle fast dreißig
Jahre lang unbeachtet,[1] Beweis genug, daß die Kykladen archäologisch so lange vernachlässigt wurden. Nach vorübergehender Aufre-
gung um die Jahrhundertwende begannen systematische Ausgrabungen erst in den späten 5oer Jahren, so daß alle Schlußfolgerungen und
allgemeinen Feststellungen vorläufig und provisorisch bleiben müssen.
Bis vor kurzem gab es z. B. keine Beweise für eine neolithische Phase
auf den Kykladen. Heute besitzen wir Befunde aus Keos und noch ältere Zeugnisse aus dem winzigen, vor Antiparos gelegenen Saliagos,
die vielleicht bis in die Zeit um 4000 v. Chr. zurückreichen. Diese spät-
neolithische Kultur scheint mit der kretischen oder der Kultur der östlichen Ägäis nicht verwandt zu sein, es gibt aber Ähnlichkeit mit Funden aus dem nahen Attika, Euboia und Korinth. Wir wissen nicht, wie
wir uns diese Verbindung erklären sollen, aber offensichtlich haben
Auswanderer, die den Seeweg nahmen, die Kykladen 2000 Jahre lang
umgangen. Das war uns schon im Zusammenhang mit der Ausbeutung der melischen Obsidianvorkommen aufgefallen. Zunächst gab es
anscheinend nur spärliche, einsam gelegene Siedlungen, aber in der
frühen Bronzezeit nach 3000 v. Chr. muß ein plötzliches Aufblühen
eingetreten sein. Es ist kaum verwunderlich, daß dabei Einflüsse von
Griechenland und von Kleinasien spürbar sind, aber die frühbronzezeitliche Kykladenkultur bildete eigene Merkmale aus, die unverwechselbar sind. Man müßte eigentlich von mehreren Kykladenkultu-
ren sprechen, denn je umfangreicher die materiellen Zeugnisse werden, die uns allein zur Verfügung stehen, desto mehr fallen Unterschiede auf, die sich in Syros, Amorgos, Naxos und vielleicht noch andernorts im Entstehen von lokalen Sonderformen zeigen. Den Höhepunkt bildete die sogenannte Keros-Syros-Kultur, die man mit Frühhelladisch II und Frühminoisch II in die Jahrhunderte nach 2500
v. Chr. setzt. Die Techniken der kykladischen Metallgewinnung beeinflussen die Metallgewinnungsverfahren in Kreta und Griechenland
bis Epirus. Metalle könnten auch exportiert worden sein, zumindest
Silber und Blei, die auf den Kykladen relativ reichlich vorhanden waren, und Keramik- und Marmorgegenstände sind weit verbreitet.
Aber es gab kaum bedeutende Siedlungen oder eine größere Zusam-

menballung von Bevölkerung. Nicht einmal der bis jetzt ansehnlichste
frühbronzezeitliche Kykladenort, Phylakopi auf Melos, war befestigt.

Das bekannteste Kykladenerzeugnis sind die Marmor-‚Idole‘, zum
größten Teil, doch nicht ausschließlich, weibliche Figuren, von denen
zahlreiche Exemplare als Grabbeigaben auf den Inseln, dem griechischen Festland und in Kleinasien gefunden wurden. Die völlig flachen,
oft ziemlich primitiven Statuetten mit dem sehr langen, ovalen Kopf
sind von wenigen Zentimetern bis zu gelegentlich über 1,50 m hoch.
Geschlechtsmerkmale sind kaum oder auch gar nicht vorhanden, der
Gesamteindruck ist von fast avantgardistischer geometrischer Ab-
straktheit *(Abb. 1)*. Sie sollten vor allem den Toten ins Grab gelegt
werden und spiegeln also religiöse Empfindungen und Auffassungen,
die auch außerhalb der Kykladen galten. Ihre Bedeutung verstehen
wir ebenso wenig wie eine spätere kykladische Neuheit, wiederum auf
religiösem Gebiet. Auf Keos hatte es in der Mittleren Bronzezeit, als in
der gesamten übrigen ägäischen Welt nichts dergleichen existierte, ein
Bauwerk gegeben, das anscheinend ein Tempel war. In den Resten
dieses Gebäudes wurden Hunderte von Tonfragmenten lebensgroßer
weiblicher Hohlfiguren, Bruchstücke von mindestens neunzehn, vielleicht aber über vierundzwanzig einzelnen Statuen gefunden. Sollten
es Göttinnen gewesen sein, wären sie im ägäischen Raum ohne Beispiel und hätten nahezu weitere tausend Jahre lang kaum Nachfolger
gehabt *(Abb. 5)*.

In der Mittleren Bronzezeit verloren die Kykladen an Bedeutung.
Es scheint keine größeren Unruhen gegeben zu haben, die archäologischen Zeugnisse offenbaren vielmehr ununterbrochene Kontinuität
durch prähistorische wie historische Zeiten. Aber die Inseln waren
jetzt zu klein, um noch länger ins Gewicht zu fallen, und machten nur
gelegentlich von sich reden, wenn es um ihre Naturschätze oder die
Beziehungen zu einer Großmacht ging. So gab man noch viele Jahrhunderte lang dem Marmor aus Paros und Naxos den Vorzug. Thera,
das im frühen Späthelladikum von einer Vulkankatastrophe betroffen
war, erlangte in der Archaik so große Geltung, daß es für die erste
griechische Niederlassung in der Kyreneika verantwortlich wurde.
Naxos und Melos sollten in der Darstellung des Historikers Thukydides über das attische Reich im 5. Jahrhundert eine besondere Rolle
spielen, und etwas später schenkte uns Melos die bekannteste aller

griechischen Statuen, die jetzt im Louvre befindliche ‚Venus von Milo'. Zu diesem Zeitpunkt war die Geschichte der Kykladen in jeder Hinsicht Teil der Geschichte Griechenlands geworden und nur einen flüchtigen Augenblick lang, zu Beginn der Bronzezeit, etwas Besonderes gewesen.

Zypern war dagegen immer nur zeitweilig und niemals ganz mit der griechischen Welt verbunden. Mit 9250 qkm war es die größte Insel im östlichen Mittelmeer (sogar etwas größer als Kreta) und seiner Lage nach eher mit Anatolien, ja Syrien, als mit Griechenland verbunden. Der kürzeste Weg nach Kleinasien beträgt etwa 65 km, Syrien ist ungefähr 95 km entfernt, während Rhodos, das östlichste griechische Zentrum, nicht näher liegt als Alexandreia in Ägypten, ca. 380 km. Die der Levante gegenüber liegenden Küsten im Süden und Osten besaßen zahlreiche günstige Häfen für die Seefahrt der Antike, die allerdings, außer Famagusta, für heutige Ozeandampfer nicht geeignet wären. Das Schicksal Zyperns war daher von zwei Faktoren abhängig, die die Zyprioten selber nicht beeinflussen konnten. Zunächst war es die gesamte merkantile und politische Situation im östlichen Mittelmeer. Rege Handelsbeziehungen zwischen Griechenland und der Levante kamen normalerweise dem am Wege liegenden Zypern zugute, doch Kriege um den Besitz Syriens oder Auseinandersetzungen um die Seeherrschaft (wie zwischen Venedig und den Türken im 16. Jahrhundert) konnten sich verheerend auswirken. Der zweite Faktor war der Bedarf des Auslands an zyprischem Kupfererz, der Schlüssel zu Zyperns Wachstum und Blüte in der Bronzezeit. Man darf aber nicht vergessen, daß die Insel neben dem schmalen Gebirgsstock im Norden und den ausgedehnten Gebirgen im Westen und Südwesten auch viel Ackerland besaß und gute binnenländische Verkehrswege, wie sie in der Ägäis selten sind. Über Jahrtausende hin war Landwirtschaft die zyprische Lebensgrundlage gewesen, und die reichen Küstenstädte traten erst auf, als der Kupferexport größeren Umfang angenommen hatte.

Die frühe Geschichte der Völkerwanderungen ist nicht nur aus bekannten Ursachen verworren, sondern auch wegen der unerklärlichen Unbeständigkeit der Siedlungsschemata. Ortschaften wurden häufig verlassen und später nicht wieder besiedelt. Die nächsten Bewohner fingen oft lieber irgendwo in der Nähe von vorne an. Die früheste vorkeramische Phase des Neolithikums, bald nach 6000 v. Chr., scheint nur schwach vertreten und kann kurzlebig gewesen sein, mit einer Unterbrechung im 5. Jahrtausend. Dann begann eine zweite neolithische Phase, aus der wir jetzt über hundert Siedlungsstätten kennen.[2] Es ist immer noch schwer, den Beginn der Bronzezeit im 3. Jahrtausend genau festzulegen. Doch die neuen Keramikformen und Bestattungsarten, die später in diesem Jahrtausend auftraten und die kunstvolle Metallverarbeitung in einem dünn bevölkerten Land, könnten auf Einwanderungen hindeuten, die aus Kleinasien, über die Bucht von Morphu im Nordwesten der Insel, als Nebenwirkung der zu Beginn des 2. Kapitels erwähnten Unruhen in Anatolien denkbar wären.

Die letzten Jahrhunderte des 3. Jahrtausends erlebten allmähliches, aber stetes Wachstum, wie wir an den neuen und größer gewordenen Siedlungen erkennen. Die meisten lagen im Landesinnern, in landwirtschaftlich nutzbaren Gegenden mit reichlichen Wasservorkommen, aber das einheimische Kupfer wurde von Anfang an abgebaut und sofort mindestens eine Hafenstadt, das spätere Kition, heute Larnaka, an der Südküste für den Export gegründet. Wir schließen das aus einigen ägyptischen Fundstücken in den Resten der Stadt. Nach 2000 begann der Handel mit dem Westen, nicht mit Griechenland, sondern mit Kreta. Die Kreter waren jetzt wegen ihres wachsenden Kupferbedarfs gezwungen, sich über die Kykladen hinaus weiter umzusehen. Der Handel mit der Levante weitete sich ebenfalls aus: im 18. Jahrhundert erwähnen Keilschrifttexte aus Mari am Euphrat Kupfer- und Bronzeimporte aus Alaschia, das allgemein als Bezeichnung für Zypern gilt. Für Zypern begann nun die Zeit seiner größten Bedeutung, die bis 1200 v. Chr. anhielt. Mit den entlang der Süd- und Ostküste überall entstehenden urbanen Handwerks- und Handelszentren verlor das Landesinnere an Bedeutung. Die Gräber enthalten reiche Funde, die von Wohlstand und Luxus zeugen, auch Waffen, denn die Zyprioten konnten es sich jetzt leisten, sie als Grabbeigaben wegzugeben. Bis etwa 1400 v. Chr. ist die Orientierung nach Osten unverkennbar, dann taucht überall auf der Insel Keramik aus dem mykenischen Griechenland auf. Ein Größenvergleich kann das Ausmaß dieser Erscheinung verdeutlichen, die zweihundert Jahre andauerte: Allein von der wichtigen bronzezeitlichen Fundstätte bei dem Dorf Enkomi, etwa 5 km landeinwärts der an der Ostküste gelegenen Bucht von Salamis, sollen schon so viele große, kostbare Mischkrüge und Kannen der Phase Mykenisch III A stammen wie aus der ganzen übrigen ägäischen Welt einschließlich Griechenlands selbst.

Die wirtschaftliche Bedeutung Zyperns zu dieser Zeit ist unumstritten. Leider haben sich beim Versuch, die ökonomischen Aktivitäten, wie etwa den Umfang der Kupferexporte, näher zu untersuchen, bisher fast nur Vermutungen ergeben. Kupferbarren z. B. kennen wir von überall her, bildlich dargestellt (Abb. 4) oder real, aus Griechenland, Ägypten und sogar Sardinien, wobei das Kupfer wahrscheinlich zum größten Teil aus Zypern stammte, aber wir wissen nichts Sicheres darüber. Die Ladung aus dem Wrack des gut 9 m langen, vor Kap Gelidoniya an der Südwestspitze Anatoliens gesunkenen Schiffs, das um 1200 v. Chr., vielleicht unter einem syrischen Kapitän, nach Westen unterwegs gewesen war, enthielt mindestens eine Tonne Kupfer, Bronze und Zinn, eine Menge Werkzeug und andere Gegenstände, die hauptsächlich als Altmetall verschifft wurden, und Krüge mit verderblicher Ware, die man nicht mehr identifizieren konnte.[3] Der Ausgräber des Schiffswracks sah begreiflicherweise in Zypern das Herkunftsland von Kupfer und Altmetall, aber nachträgliche Metallanalysen ließen starke Zweifel aufkommen, ohne jedoch Hinweise auf einen anderen Ursprung zu geben.

In Zypern bestand eine Wechselwirkung zwischen der wirtschaftlichen Entwicklung und den Machtverhältnissen, wie es ähnlich wohl in Griechenland der Fall war, aber auf den kleinen Kykladeninseln undenkbar gewesen wäre. Das bezeugen die zahlreichen Waffen in den Gräbern und die befestigten Siedlungen und Hügelfestungen im Inland; wie man sie aber politisch interpretiert, hängt in erster Linie von der Identifizierung des Ortsnamens Alaschia ab. Die Kernfrage ist, ob die reiche Insel von einem Machtzentrum aus beherrscht wurde, und wenn ja, ob es zyprisch war oder auf dem asiatischen Festland lag. Der Name Alaschia erscheint während des ganzen zweiten Jahrtausends in ägyptischen, hethitischen, nordsyrischen und anderen Urkunden des Nahen Ostens, und daß damit Zypern gemeint ist, oder doch wenigstens der Teil der Insel, der im Machtbereich der Herren von Enkomi lag, kann man nicht länger ernstlich bezweifeln. Der ‚König von Alaschia‘ war eine einflußreiche Persönlichkeit, die sich mit den größeren und bekannteren Monarchen des Nahen Ostens messen konnte. Er redete den ägyptischen Pharao mit ‚Bruder‘ an. Der König von Ugarit, heute Ras Schamra in Nordsyrien, nannte ihn ‚mein Vater‘. Den Beherrschern des Hethiterreiches war er oft mehr als lästig, und sie hatten eine Weile Gewalt über ihn, freilich nicht auf längere Zeit. In Seekriegen konnte er sich gegen sie behaupten. ‚Mein Bruder‘ ist natürlich nur eine Floskel diplomatischer Höflichkeit, und wir dürfen kaum annehmen, daß Alaschia auch nur im entferntesten auf gleicher Stufe mit dem Hethiterreich oder Ägypten stand. Aber es war unbestreitbar eine Macht.

Nach 1100 verschwindet die Bezeichnung Alaschia. Die Assyrer haben die Insel später offenbar Yadnana genannt und schließlich ersetzte ‚Kypros‘ alle anderen Namen, aber wir wissen weder seit wann das der Fall war, noch woher das Wort stammt. ‚Zypern‘ bedeutet in den modernen europäischen Sprachen auch Kupfer (copper, cuivre), ausgenommen im Griechischen, eine letzte Komplikation. Zu den Sprachen, die in Neolithikum und Bronzezeit auf der Insel gesprochen wurden, wissen wir nichts zu sagen. Nichts deutet darauf hin, daß Zypern von den Wanderbewegungen betroffen war, die um 2000 v. Chr. indogermanische Sprachen nach Kleinasien und Griechenland gebracht hatten. Wenn die Vermutung zutreffen sollte, daß im späten dritten Jahrtausend eine Einwanderung aus Anatolien stattgefunden haben soll, müßten es Menschen gewesen sein, die vor den Vorfahren der Hethiter flohen. Weder Alaschia noch Yadnana oder gar Zypern sind indogermanische Namen, soweit wir es beurteilen können. Die erhaltenen Schriftproben bestehen nur aus ein paar hundert Ritzinschriften und einigen Tontäfelchen aus Enkomi und Syrien (Ras Schamra), von denen die frühesten nach Ansicht der Archäologen um 1500 v. Chr. zu datieren sind. Wegen der eindeutigen Verwandtschaft zu Linear A hat man die Schrift als zypro-minoisch bezeichnet. Es sieht jetzt aber so aus, als ob es sich um verschiedene Schriften handeln könne und zwei der Sprachen westasiatische Dialekte seien. Neben der Flut von mykenischer Töpferware in den Jahren zwischen 1400 und 1200 v. Chr. sind keine weiteren mykenischen Kulturmerkmale festzustellen, und so ist es unwahrscheinlich, daß mit der Keramik auch Bevölkerung aus Griechenland eingeströmt ist.

Aber die Zeit sollte noch kommen, in der ein großer Teil der zyprischen Bevölkerung Griechisch sprach und schrieb. Wann das Griechi-

sche vermittelt worden war, ist an der Form erkennbar, die die Sprache
in der klassischen Zeit angenommen hatte. Sie ist eng verwandt mit
dem arkadischen Dialekt aus der am weitesten vom Meer entfernten
Gegend der Peloponnes. Die Schreibweise war syllabisch, obwohl
man im ganzen übrigen Griechenland schon zum phonetischen Alphabet übergegangen war,[4] und enthielt noch sieben Linear-B-Zei-
chen und andere modifizierte Zeichen dieser erloschenen Schrift. Die
griechische Sprache hatte sich also in Wort und Schrift in Zypern eingebürgert, bevor die mykenische Kultur endgültig verschwunden war
und die Peloponnes einen westgriechischen Dialekt übernommen
hatte. Wir werden in Kap. 6 sehen, daß der Zeitpunkt um 1200 liegt,
kurz vor der Vernichtung des bronzezeitlichen Zypern, das, wie weite
Bereiche Syriens und Kleinasiens, ebenfalls ein Opfer der sogenannten ‚Seevölker‘ wurde.

4. Kreta

Ganz anders verlief die Entwicklung in Kreta, der zweiten großen Insel im östlichen Mittelmeer (8250 km², *Karte 3*). Heute ist es weithin ein unwirtliches und unfruchtbares Land, das Opfer schwerer Mißhandlung durch den Menschen. Der Anblick von Süden mit den steil ins Meer abfallenden Bergen ist zerklüftet und imposant. Die Weißen Berge im Westen sind fast unzugänglich. Aber im Altertum waren Ost- und Zentralkreta zu Recht berühmt wegen ihrer Wiesen und Weiden im Binnenland, ihrer Oliven, Reben, Eichen und Zypressen und wegen der geschützten Strände am Nord- und Ostufer. Im Gegensatz zu Zypern war Kreta jedoch arm an Bodenschätzen und für den Seehandel von und nach Kleinasien, Syrien und Ägypten weniger günstig gelegen.

Mehr als 3000 Jahre hindurch deutete in Kreta nichts auf das hin, was sich in der Bronzezeit ereignen sollte. In Knossos reichen die frühesten neolithischen Wohnstätten in die Zeit um 6000 v. Chr. zurück, aber über die folgenden drei Jahrtausende wissen wir wenig. Auffallend ist, daß zumindest im späteren Neolithikum die zahlreichen Berghöhlen der Insel besiedelt wurden. In Hunderten von Höhlen fanden sich Überreste, die die Anwesenheit von Menschen bezeugen. Der allgemeine Eindruck spricht dafür, daß Kreta im Neolithikum verhältnismäßig isoliert war. Neolithische Schichten in Knossos und Phaistos enthielten zwar melischen Obsidian, aber keine Metallreste aus der Zeit vor dem 3. Jahrtausend und nur sehr wenige vor etwa 2500 oder 2300. Bis dahin hatten Wohlstand und Bevölkerungszahl erheblich zugenommen, und der technologische Fortschritt war beträchtlich. Nach dem heutigen Stand der kretischen Archäologie müßten die bedeutenderen Siedlungen zunächst im Osten der Insel gelegen haben, bis die Besiedlung sich schließlich stärker auf das Zentrum verlagerte und dann überall kleine Dörfer bestanden, sogar in den schroffen Landstrichen des Westens.

Über die Entwicklung vom Steinzeitalter zur Bronzezeit besteht

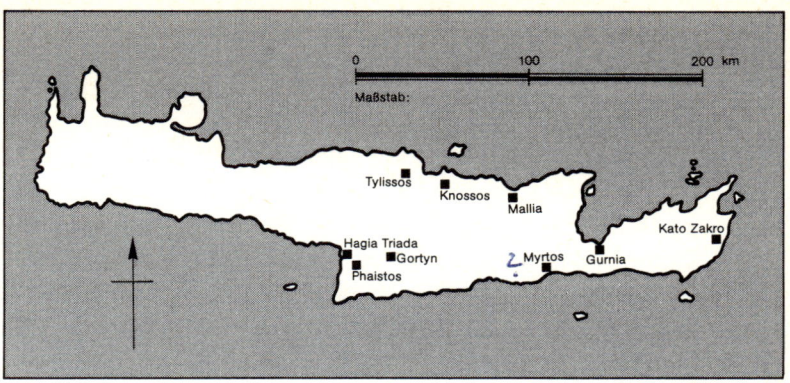

Karte 3. Das Alte Kreta

noch keineswegs Klarheit. Für Sir Arthur Evans gab es in Knossos keinen abrupten Bruch; er stellte sich die frühminoische Zeit, die heute für uns das 3. Jahrtausend umspannt, als eine lange Phase des Übergangs vor. Diese Ansicht ist neuerlich unter Archäologen umstritten, seit man die andernorts sehr abweichenden Befunde kennt. Evans, der erste Ausgräber von Knossos, der von 1899 bis zu seinem Tod im Jahre 1941 dort mit großem Können und Tatkraft weitergewirkt hatte, sah begreiflicherweise ganz Kreta als von Knossos geprägt an. Seine Einteilung in Zeitabschnitte verschleiert zu viel, denn weder Kreta noch Griechenland hatten damals eine einheitliche, monolithische Kultur. Dagegen hat Evans wohl recht gehabt, wenn er die frühminoische Zeit als direkte, bruchlose Entwicklung aus der Kultur des späten Neolithikums begriff. Viel spürbarer ist nämlich mancherorts die Zäsur zwischen Frühminoisch I und II um 2500 v. Chr., wie die Vasen aus Stein, der reiche Schmuck und die Kupferdolche der späteren Epoche beweisen. Regionale Unterschiede sind ebenfalls eindrucksvoll. Von den bis jetzt bekannten über 500 Kupfer- und Bronzegegenständen der Phase Frühminoisch II stammen z. B. etwa zwei Drittel aus dem Süden der Insel, während die sehr viel spärlicheren Erzeugnisse aus Silber und Blei nahezu alle im Norden und Nordosten gefunden wurden. An einem 1962 entdeckten Ort an der Südküste nahe dem heutigen Dorf Myrtos fanden die Ausgräber große Mengen Keramik, die teilweise Verbindungen zu gleichzeitigen Hortfunden an anderer Stelle der Insel aufweisen, zum Teil aber auch nicht. Interessant ist, daß etwa hundert Spinnwirteln und Webgewichte aus Ton und Stein ans Licht kamen, mehr als hundert Klingen aus melischem Obsidian, aber überhaupt kein Metall. Die Ortschaft war nur während Frühminoisch II bewohnt und wurde durch einen Brand vernichtet.[1]

Diese unerwartete Auffindung einer an der Südküste versteckt liegenden frühminoischen Siedlung war der Anlaß für lebhafte Spekulationen. So hatte der Ausgräber anfangs von einem ‚Textilzentrum' gesprochen, ein Gedanke, den er dann fallen ließ. Man darf aber getrost feststellen, daß manche unserer Bemerkungen über die allgemeine gesellschaftliche Entwicklung am Anfang dieses Buches durch alle neueren Ergebnisse bestätigt werden. Daß immer noch Werkzeuge aus Stein und Ton vorherrschten, obwohl man schon lange mit der Metallgewinnung vertraut war, wird deutlich durch das Fehlen von Akkerbaugeräten aus Metall und den unverhältnismäßig hohen Anteil von Dolchen, der unter allen Metallgerätschaften etwa 50 Prozent ausmacht. Damit verbunden war die Herausbildung einer stärker verzweigten Sozialstruktur und Arbeitsteilung und die Entwicklung einer städtebaulichen Komponente, wie man vielleicht sagen könnte. Möglicherweise hat es auch unter den Gemeinden schon Bestrebungen gegeben, besondere Spezialisierungen auszubilden. Die Wurzeln dieser wichtigen Neuerungen lagen in Kretas eigener spätneolithischer Phase, obwohl sie uns heute verborgen sind. Kreta war zwar aus langer Isolierung hervorgetreten, um sich der bronzezeitlichen ägäischen Welt anzuschließen – von Griechenland, Makedonien, den Kykladen und in besonderem Maß von Kleinasien, Syrien, ja selbst, wenn vielleicht auch nur indirekt, von Ägypten beeinflußt. Aber seine Geschichte, die uns in den materiellen Hinterlassenschaften entgegentritt, zeugt weder von mechanischer Imitation noch von extensiver Einwanderung, sondern ist die Geschichte einer Gesellschaft, die fremde Bestandteile in ihre eigene, einheitliche innere Entwicklung aufgenommen hat.

Die Beispiele von erfinderischer Originalität bei den Kretern sind zahlreich und eindeutig. Gefäße und kleinere Objekte wurden nicht einfach kopiert, sondern regelrecht neu konzipiert und neu entworfen, auch wenn man sie ganz offensichtlich von weither entlehnt hat. Die Grundzüge der Metallverarbeitung haben vielleicht die Kykladen

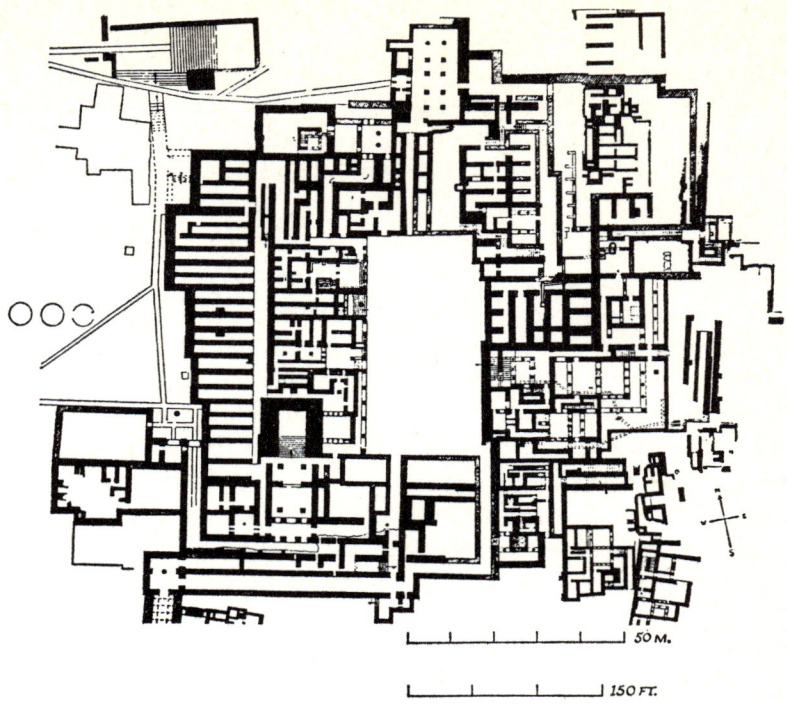

1. Der Palast von Knossos

vermittelt, zusammen mit der Verwendung von Arsen als Zusatz zur
Kupferhärtung, da es keine Zinnvorkommen gab. Aber die Kupferdolche, das auffallendste frühminoische Metallerzeugnis, sind ganz
spezifisch kretisch. Das ist jedoch nur ein Beispiel aus einer langen
Reihe. Während der frühminoischen Zeit entstand schon in Ansätzen
der einzigartige kretische Architekturstil in der zellenartig agglutinierenden Grundform, dessen Höhepunkt Jahrhunderte später der Palast von Knossos sein sollte. Er bedeckt mit allen Höfen etwa fünf
Morgen Land *(Textabb. 1).* Die wohlbekannten kleinen Menschen-
figuren des Neolithikums kommen allerdings nicht mehr vor. Mit
ihnen ist auf lange Zeit, bis in die mittelminoische Epoche, das Men-
schenbild überhaupt aus der Kunst verschwunden.

Gegen Ende des Frühminoikums hatte die kretische Technik annä-

hernd den Fortschritt erreicht, den ein Land im ägäischen Raum und
in Kleinasien in der Bronzezeit erzielen konnte. Das nun folgende
Mittelminoikum, Kretas Goldenes Zeitalter, zwischen 2000 und 1600
oder 1550 v. Chr., brachte auf anderen Gebieten, in politischer Machtentfaltung, Besitzstand und künstlerischen Fähigkeiten, eine unge-
heure Aufwärtsentwicklung. Es waren die Jahrhunderte, in denen sich
Gordon Childes ‚urbane Revolution‘ vollzog, als die Palastkomplexe
erbaut und mit staunenerregenden Fresken bemalt wurden, als die
Kleinkunst (Gefäße, vgl. *Abb. 8*, Schmuck und Siegel) ihren Höhepunkt an Ausdruck, Lebendigkeit und Zartheit und den feinen Sinn
für Bewegung erreicht hatte, dem man sofort das unverwechselbar
Minoische ansieht *(Abb. 6)*. Die Gesellschaft, zumindest ihre Spitze,
offenbarte in der bildenden Kunst eine Seelenkenntnis und Lebensart,
wie sie damals keine andere besessen hat und keine Epoche der Antike
je besitzen sollte.

In der Schrift kommen Kretas schöpferische Fähigkeiten vielleicht
am besten zum Ausdruck. Bedenkt man, wie selten Schriftsysteme –
zeitlich und räumlich gesehen – überhaupt im Laufe der Weltgeschichte erfunden wurden, so erscheint der kretische Beitrag innerhalb
verhältnismäßig kurzer Zeit völlig unbegreiflich. Es war zunächst eine
modifizierte Bilderschrift, die Evans in Anlehnung an die ägyptische
Schrift ‚hieroglyphisch‘ nannte *(Textabb. 2)*. In den ersten Jahrhunderten des Mittelminoikums entstand daraus eine entwickeltere
Schrift, die Evans als ‚Linear A‘ bezeichnete, deren Zeichen überwiegend Silbenzeichen sind. ‚Linear A‘ ist auf der Insel weit verbreitet; bis
jetzt hat man die meisten Texte in Hagia Triada und Kato Zakros gefunden. Schließlich mußte es in Knossos der Linear-B-Schrift wei-
chen, die eine komplizierte Weiterentwicklung von Linear A ist.[2] Obwohl Linear B, im Gegensatz zu Linear A, auch auf dem griechischen
Festland verwendet wurde, gibt es in Kreta außer in Knossos und seit
kurzem in Chania[3] sonst keine Belege dafür; so bleibt die Frage offen,
ob es sich um einen archäologischen Zufall oder um eine Besonderheit
der kretischen Geschichte handelt. Es könnte allerdings weit eher am
Zufall liegen, wenn sich bestätigen sollte, was neuerdings glaubhaft
behauptet wird, daß nämlich die 25 in Theben gefundenen, mit Linear
B beschrifteten Bügelkannen in Chania gefertigt sind. Die Überlegung
ist wichtig, weil sich noch andere Fragen daran knüpfen, wie die nach

Kretische Schriften			Klassische zyprische Silbenschriften	Frühe Alphabete		
Hiero-glyphen	Linear A	Linear B		Griechische Buchstaben-namen	Nord-semitisch	Früh-attisch
			(Laute)			
			a	Alpha		
			ka	Beta		
			ta	Gamma		
			pa	Delta		
			la	Epsilon		
			ra	Vau (Digamma)		
			ma	Zeta		
			na	Heta		
			ja	Theta		
			wa	Iota		
			sa	Kappa		
			za	Lambda		
			e	My		
			ke	Ny		

2. Schriften (nicht vollständig)

Art und Ausmaß der knossischen Vorherrschaft in Kreta oder die Frage, welche Rolle die Schrift in der Gesellschaft gespielt hat.[4]

Die kretische Schrift kennen wir von geritzten oder gekritzelten
Zeichen auf Ton, auf Siegeln, Opfertischen und den verschiedensten
anderen Gegenständen, in größerem Umfang aber nur aus den kleinen, blattförmigen Tontäfelchen, von denen wir insgesamt nicht ganz
4000 Stück – vielfach nur Fragmente – besitzen. Zweifellos wurde
auch vergängliches Material wie Wachs oder Papyrus benutzt, aber
davon ist nichts erhalten. Sogar die Tontäfelchen haben nur durch Zufall überdauert. Sie wurden ungebrannt verwendet und weggeworfen,
wenn man sie nicht mehr brauchte, aber die Feuersbrunst, die bei der
Zerstörung der Paläste entstand, konservierte die gerade vorhandenen Täfelchen, die nun alle aus diesem einen Jahr stammen. Unser Anschauungsmaterial ist also dem Querschnitt einer Zelle unter dem Mi-
kroskop vergleichbar, es fehlt an Dimension, an jedem Hinweis auf
Entwicklung oder Veränderung durch die Zeit hindurch. Die Texte
selber sind kurz und einförmig, sie bestehen aus Listen verschiedener
Art, aus wenig eindeutigen Angaben über Besitzverhältnisse oder aus
Nahrungsmittelzuteilungen und dergleichen. Selbst wenn wir alle vorhandenen Täfelchen mit der größten Bestimmtheit lesen und überset-
zen könnten, ein unmögliches Unterfangen, wären die Auskünfte bald
erschöpft, wie uns diese Beispiele aus Knossos zeigen: ‚In Lasunthos
(?): zwei Wärterinnen, ein Mädchen, ein Knabe'. Oder: ‚Amnisos: ein
Honigkrug für Eileithyia. Ein Honigkrug für alle Götter. Ein Honigkrug . . .'.

Heute wissen wir, daß die Sprache der Linear-B-Täfelchen Griechisch ist, und wir werden im folgenden mehr darüber sagen. Aber
vorläufig sind alle Versuche gescheitert, Linear A oder die frühere
Hieroglyphenschrift zu entziffern. Zum Teil liegt es daran, daß wir
nur wenige Proben besitzen: aus Knossos kommen etwa zehnmal so
viele Linear-B-Texte wie es Linear-A-Beispiele aus ganz Kreta gibt,
aber die Hauptursache ist wohl, daß Linear A keinesfalls Griechisch
und vielleicht eine gänzlich unbekannte Sprache ist. An eine semitische
Sprache möchte man am wenigsten glauben, und die an sich überzeu-
gendere Idee, wegen Namen wie Knossos und Tylissos käme Luwisch
in Frage, hat nicht einmal zu einer teilweisen Entzifferung geführt.
Wir können also nur hervorheben, daß die Sprache der Linear-A-

Schrift von den Menschen gesprochen wurde, die das Goldene Zeitalter der minoischen Epoche hervorgebracht hatten, und daß die Schrift eigentlich für diese Sprache geschaffen war. Später wurde sie auf das Griechische übertragen, für das sie sich wenig eignete. Wir wissen nicht einmal, wie bedeutende Ortschaften damals geheißen haben. Knossos, Gortyn und Phaistos bestanden zwar in bescheidenerem Maß kontinuierlich fort, so daß auch ihre Namen in der antiken Geschichte Griechenlands weiterlebten, aber andere Zentren wurden in der Bronzezeit zerstört und für immer verlassen. Hagia Triada und Kato Zakros mußten z. B. nach heutigen Geländepunkten benannt werden, denn ihre wirklichen Namen kennen wir immer noch nicht.

Die Täfelchen haben uns insgesamt wichtige zusätzliche, teilweise sogar neue Erkenntnisse vermittelt, besonders wenn man an die griechische Sprachgeschichte denkt, aber unsere eigentlichen Grundlagen sind die materiellen Überreste geblieben. Das Eindrucksvollste ist vielleicht, daß die Täfelchen bekräftigen, was der archäologische Befund über die Verhältnisse hinsichtlich der Regierungsgewalt erkennen läßt. Man darf wohl behaupten, daß bei den Kretern wie bei den Sumerern (die ja die Keilschrift hatten) die Bedürfnisse der hochzentralisierten Verwaltung ein weit größerer Ansporn zur Entwicklung der Schrift waren als geistige oder seelische Bedürfnisse. Zwischen Spätneolithikum und mittelminoischer Zeit haben sich die menschlichen und natürlichen Mittel rapide vermehrt, während eine gleichzeitige gesellschaftliche und geographische Konzentration der Macht erfolgte, die daraus Nutzen ziehen konnte. Anders hätten die großen Palastanlagen weder gebaut werden noch funktionieren können. Erst kürzlich sind auf einigen Täfelchen zwei Worte aufgetaucht, die offenbar Tauschgeschäfte bezeichnen. Im übrigen besitzen wir zahlreiche Inventare, Aufstellungen von Lebensmittelrationen und Personenregister. Wir gehen davon aus, daß die ganze Gesellschaft vom Palastzentrum aus gelenkt wurde, das die einheimische Wirtschaft in allen Einzelheiten verwaltete, Menschen zuteilte und Waren ausgab, vom Rohmaterial bis zu den fertigen Produkten, ohne den Gebrauch des Geldes oder das System der Marktwirtschaft zu kennen. Dies wird durch Ausführungen bestätigt, nach denen auf den zahlreichen Knossostäfelchen mit Schafen und Wolle – wohlgemerkt, alle aus dem Jahr der Palastzerstörung – die Jahresergebnisse der Herdenzählung und

Schafschur und die verantwortlichen Schäfer registriert sind. Im ganzen waren es etwa 100 000 Tiere, die, soweit sich Ortsnamen feststellen lassen, über ganz Mittelkreta verstreut weideten. Anscheinend besaß also der Palast von Knossos in diesem Teil der Insel eine Art Monopol über Schafe und Wolle.

Der Gedanke liegt nun nahe, daß dieses Wollmonopol uns vielleicht aus einer alten Verlegenheit helfen könnte, denn man fragt sich schon lange, womit die Kreter für Kupfer, Gold, Elfenbein und andere Importwaren bezahlt haben oder wie sie sie sonst erhielten. Das könnte sich wenigstens zum Teil mit der Wolle erklären lassen. Dazu kommt, daß die Kreter, die sogenannten Keftiu, auf ägyptischen Fresken manchmal zusammengelegtes Tuch tragen. Sie überbringen jedoch auch Gold und Silber, Elfenbein und andere Dinge, die keine kretischen Erzeugnisse sind, so daß das wenige konkrete Beweismaterial für Wolle als Haupthandelsartikel ziemlich erschüttert wird. Es wundert und frustriert uns, daß die Täfelchen sich über dieses Problem ausschweigen. Über die Außenwelt erfahren wir buchstäblich nichts; nach Ausweis der Täfelchen könnte sie ebensogut nicht vorhanden sein. Man kann aber nicht oft genug betonen, daß sich mit archäologischen Mitteln allein nicht aufdecken läßt, wie Auslandsbeziehungen funktioniert haben, auch wenn noch so viele ausländische oder vom Ausland beeinflußte Waren ausgegraben werden.

Eine andere Erklärung versuchen einige Gelehrte durch die Konzentration auf Begriffe wie Reich und Tribut und die sogenannte minoische Thalassokratie (oder Seeherrschaft) zu geben, auf die griechische Autoren der klassischen Zeit hinweisen. Knossos' Macht und Reichtum und die große seemännische Erfahrung der Minoer sind unbestritten. ‚Minoische‘ Siedlungen scheint es auf einigen umliegenden Inseln gegeben zu haben, besonders auf Kythera im Norden, das seinen Höhepunkt in Spätminoisch I erreichte, nicht lange, bevor der Ort, ohne ein Anzeichen von Zerstörung, verlassen wurde. Der nächste Schritt auf dem Wege zu einem ausgedehnten ‚Seereich‘ in der üblichen Bedeutung des Wortes ist aber keineswegs einfach oder selbstverständlich, und man kann wohl sagen, daß der ganze Begriff der Thalassokratie auf ziemlich schwachen Füßen steht. Die erste Erwähnung findet sich bei Herodot und Thukydides in der 2. Hälfte des 5. Jahrhunderts v. Chr., zu spät, um sie so allein, ohne weitere Beweise, ernst nehmen zu können. Die zahlreichen griechischen Sagen über das prähistorische Kreta haben verschiedene Akzente, die meist rein religiöser Art sind. Eine Ausnahme bildet die Geschichte von Theseus und dem Minotauros, die besondere Beachtung verdient.

Der Inhalt ist rasch erzählt. König Minos hatte Pasiphaë, eine Tochter des Helios, zur Frau, die von einer unnatürlichen Leidenschaft zu einem dem Meer entstiegenen Stier ergriffen wurde. Sie wandte sich an Daidalos, den Architekten göttlicher Abstammung, der eine Erfindung konstruierte, die es ihr ermöglichte, mit dem Tier Verkehr zu haben. Sie gebar daraufhin ein Ungeheuer, halb Mensch, halb Stier, den Minotauros. Auf Befehl des Königs baute Daidalos ein Labyrinth, in das man das Monstrum sperrte. Jedes Jahr mußten die Athener, die König Minos untertan waren, sieben Jünglinge und sieben Jungfrauen zur Verfügung stellen, die dem Minotauros zum Fraß vorgeworfen wurden. Schließlich überredete Theseus, der junge Sohn des Königs von Athen, seinen Vater, sich freiwillig den Opfern anschließen zu dürfen. In Kreta angekommen, verliebte sich König Minos' Tochter Ariadne in ihn, und mit ihrer Hilfe erschlug er den Minotauros. Das Paar entfloh auf die Insel Naxos, wo die von Theseus verlassene Ariadne von Dionysos gefunden wurde, der sie zu seiner Frau machte.

Man sagt, in dieser Erzählung spiegele sich in mythischer Form zunächst Athens Abhängigkeit von kretischer Vorherrschaft in der Bronzezeit, dann seine Befreiung von ihr. Aber gegen eine solche Interpretation gibt es gewichtige Einwände. Obwohl Mischwesen aus Mensch und Tier allgemein gebräuchlich sind und gerade auf minoischen Siegeln häufig vorkommen, ist doch nur ein- oder zweimal ein völlig harmlos aussehender ‚Minotauros' darunter. Andererseits besitzen wir genügend Beweise dafür, daß der Stier in der kretischen Religion eine wichtige Rolle gespielt hat. Wir kennen ihn als Opfertier *(Abb. 10)* und aus den bekannten ‚Stiersprungszenen' *(Abb. 6)*, die eher eine rituelle Handlung als eine bloße Sportart wiedergeben, aber auch durch kleine Bronzestatuetten, gefunden in manchen der Höhlen, die als Kultzentren dienten. Möglicherweise ist daher die Minotauroslegende eine spätere Erzählung, mit deren Hilfe eine bestimmte Zeremonie, vielleicht ein mit dem Dionysoskult zusammenhängender Initiationsritus, erklärt werden sollte, dessen eigentliche Bedeutung

längst in Vergessenheit geraten war.[5] Der andere Gedanke, nach dem
hier in verschlüsselter Form die Abschüttelung fremder Oberherrschaft dargestellt sein soll, mutet dem Vorstellungsvermögen freilich
zuviel zu. Aus der Geschichte sind uns genügend Beispiele bekannt, in
denen ein Volk in überlieferter Erzählung darstellt, wie es einst seine
Unabhängigkeit gewonnen hatte, allerdings nie so stark verschleiert,
daß der springende Punkt verhüllt würde. Hier könnte auch von Bedeutung sein, daß es in Athen im Mittelminoikum, von künstlerischen
Einflüssen abgesehen, weniger Anzeichen von Beziehungen nach
Kreta hin gibt als in anderen Festlandszentren.

   Ein weiteres Problem ist die offene Bauweise der kretischen Paläste,
die nicht Burgen im eigentlichen Sinn waren, sondern unbefestigte,
‚zivile‘ Baukomplexe. Der Kontrast zu Burgen wie Mykene und Tiryns auf dem Festland verblüfft jeden Besucher. Die ‚minoische Thalassokratie‘ kann nicht die Ursache für diesen Baustil gewesen sein, so
oft man das auch hören mag. Niemals waren von See her drohende
Überfälle der einzige oder entscheidende Grund für Befestigungswerke. Diese Erklärung würde weder für Burgen wie Tiryns und Mykene
noch für mittelalterliche Burganlagen ausreichen. Hatte man in Kreta
keine Auseinandersetzungen zwischen den Palästen zu befürchten
und brauchten im eigenen Land weder Zwang noch Polizeischutz angewendet zu werden? Wohin man auch blickt, Kreta scheint vorwie-
gend friedfertig gewesen zu sein. Während der Palastzeit waren sogar
die Berghöhlen unbewohnt, die doch sonst in der antiken wie auch der
neueren Geschichte Kretas immer Zufluchtsorte gewesen waren.

   Die Linear-B-Täfelchen aus Knossos verzeichnen wohl Waffen,
Rüstungen und Streitwagen, aber auf Denkmälern gleich welcher Art
sind sie selten zu finden. Auch in Gräbern kommen sie kaum vor, und
von Kriegergräbern kann eigentlich überhaupt erst nach der Beset-
zung durch Griechisch sprechende Volksstämme vom Festland die
Rede sein.

   Wie wir uns diese Erscheinung auch immer erklären wollen, sie un-
terstreicht jedenfalls Kretas Eigentümlichkeit. Die palastbezogene
Gesellschaft und ihre Sucht, alles aufs genaueste zu verzeichnen, erinnert an Ugarit in Nordsyrien oder an Mari am Euphrat. Aber Einfüh-
lungsvermögen und Wertmaßstäbe waren, wie schon gesagt, bei der
kretischen Oberschicht auf vielen Gebieten völlig andere, sowenig wir

auch wissen, wie es um die Masse der Bevölkerung bestellt war. Keine Zeile des reichen Schriftmaterials, das weniger von der Insel selbst als von ihren näheren und entfernteren Nachbarn stammt, verrät uns Genaueres über das Denken der bronzezeitlichen Kreter, von ihrem Begriff irgendeines Gegenstands. Trotzdem kann man aus den materiellen Hinterlassenschaften Rückschlüsse auf Unterschiede zu anderen zentralisierten Gesellschaften dieser Zeit ziehen.

Die Herrscher in Babylon, Ägypten und im Hethiterreich ließen überall im Land monumentale Zeugnisse ihrer Macht und der Macht ihrer Götter errichten. Kretische Herrscher taten nichts dergleichen, weder in ihren Palästen noch in ihren Gräbern. Der Thronraum in Knossos *(Abb. 9)* hat nichts Majestätisches, hier wird kein ‚Reichsmittelpunkt' betont, weder durch Größe noch durch die Wandmalereien, auf denen Blumen und mythische Tiere, aber keine Porträts vorkommen. Der Thron ist nicht einmal besonders königlich. Es gibt kein Bild, das ein historisches Ereignis wiedergibt, administrative und juristische Tätigkeiten zum Thema hat oder politische Machtausübung zum Ausdruck bringt.

Bilder von Gottheiten sind schwer zu identifizieren. Es scheint zahlreiche Götter gegeben zu haben, die aber nicht in Tempeln verehrt wurden, so daß man keine Kultbilder brauchte, wie sie in dieser Zeit für die Kulturen des Nahen Ostens und später für Griechenland charakteristisch waren. Der Gottesdienst fand in kleinen häuslichen Heiligtümern und an geheiligten Stätten im Freien statt, außerdem in etwa 25 Höhlen in verschiedenen Gegenden der Insel (aufs Ganze gesehen handelte es sich bei diesen Höhlen keineswegs um die imposantesten und sie wurden auch nicht alle gleichzeitig benützt). Bei den religiösen Feiern war die Epiphanie – das zeitweise Erscheinen der Gottheit als Antwort auf das Gebet – von größter Bedeutung, ferner das Opfer und der kultische Tanz als eine spezifisch kretische Besonderheit. Auf vielen Darstellungen steht eher die Ekstase der Gläubigen im Mittelpunkt als der Gott selber, manchmal ist sogar der Augenblick der Erwartung ohne die eigentliche Epiphanie festgehalten. Der Ort der Epiphanie konnte ein heiliger Baum sein, ein Pfeiler oder auch eine Architekturfassade. Begreiflicherweise erscheinen solche Szenen bei dem großen Gewicht, das den Adoranten und überhaupt der menschlichen Seite der Beziehung zu den Göttern beigemessen wird, auf Ringen *(Abb. 7)*,

Siegeln und kleineren Keramikgegenständen, aber selten auf Fresken und nur gelegentlich auf einem Sarkophag *(Abb. 10)*. Davon abgesehen, bestehen die religiösen Zeugnisse überwiegend aus Objekten mit symbolischer Bedeutung, wie etwa der Doppelaxt und den ‚Kulthörnern‘,[6] deren Deutung noch immer umstritten ist. Darüber hinaus besitzen wir Gerätschaften für Tier- und Trankopfer, besonders in den Höhlen die Asche und Knochen der Opfertiere, zu denen Stiere, Schafe, Schweine, Hunde und andere Tiere gehörten,[7] Weihungen an die Götter, wie Keramik, Schwerter und Schilde, mancherlei Artikel der weiblichen Toilette, Statuetten von Tieren und schließlich menschliche Figurinen, die nach langer Pause im mittelminoischen Kreta wieder auftauchen. Es ist meist unmöglich, ohne allzu subjektiv zu werden, Götterbilder von Menschendarstellungen zu unterscheiden. Die wenigen, die man exakt zuordnen kann, z. B. die sogenannte Schlangengöttin *(Abb. 11)*, sind ohnehin späte Neuerungen, wahrscheinlich unter östlichem Einfluß. Aber selbst dann wird der traditionelle zierliche Maßstab beibehalten.

Dieser Mangel an Monumentalität gehört zu den besonderen Eigentümlichkeiten, zur Atmosphäre der kretischen Kunstwerke, und es paßt dazu, daß alles Kriegsgebaren nach außen hin fehlt. Nicht einmal die großen Fresken sind eigentlich monumental. Außerhalb von Knossos gibt es sie selten und fast immer ohne Menschendarstellungen. Ihre Leichtigkeit und Beweglichkeit sind für das ganze Bronzezeitalter neuartig, ungewöhnlich, ja einzigartig. Es sind Eigenschaften, die auch in Vasen, Gemmen und Kleinbronzen (diese besonders aus Tylissos, vgl. *Abb. 12 und 13)* wiederkehren, die mit unglaublichem technischem Können gestaltet sind. Mit ihren hochstilisierten Inhalten und der ins einzelne gehenden Behandlung von Kleidung und Körperhaltung haben die Fresken allerdings die Tendenz zu einer gewissen monotonen Förmlichkeit, einer Affektiertheit und Geziertheit, die für ihre Größe unangemessen ist *(Abb. 14)*. Das Leben scheint ausgefüllt mit Spiel und Zeremoniell, aber wir bemerken wenig von menschlicher Leidenschaft oder privaten Freuden und Kümmernissen. Es kommt uns vor, als verliefe es oberflächlich und ohne Tiefe. So ist die Kleinkunst Kretas glänzendste Errungenschaft, neben ‚bourgeoisen‘ Bequemlichkeiten wie der Entwässerung und Kanalisation und der lichten Geräumigkeit der Paläste.

Obwohl es bloße Hypothese ist, haben wir den Eindruck, als ob die kretische Gesellschaft zu Beginn des Mittelminoikums institutionell und ideologisch erstarrt wäre und in einen Gleichgewichtszustand geraten, der jahrhundertelang nicht ernstlich gefährdet wurde und nach allen Seiten hin sicher, vielleicht allzu passiv sicher war. Man kann danach noch eine weitere Verfeinerung mancher Fertigkeiten beobachten, auch eine Bevölkerungszunahme und Vergrößerung der Palastbauten, aber die Entwicklung verlief sozusagen horizontal. Aus diesem Grund ist es möglich, diese Welt zu beschreiben, ohne auf den Übergang vom Mittel- ins Spätminoikum Rücksicht nehmen zu müssen. In archäologischer Hinsicht macht sich zwar gerade dieser Wechsel besonders in der Keramik bemerkbar, aber der Lebensstil scheint sich wenig verändert zu haben. Ein Erdbeben, das sich in Mittelminoisch III ereignete, richtete in vielen Gegenden Kretas schwere Zerstörungen an, doch der Katastrophe folgten nicht nur unmittelbar der Wiederaufbau, sondern auch weiteres Wachstum, die Gründung neuer Siedlungen und viel engere Beziehungen zum griechischen Festland. Aber nichts deutet auf spürbare gesellschaftliche und geistige Neuerungen.

Dann kam eine Zeit, in der Bewohner vom Festland auf irgendeine Weise in Knossos an die Macht kamen und damit auch einen großen Teil Zentralkretas beherrschten. Der entscheidende Beweis dafür sind die knossischen Linear-B-Täfelchen in griechischer Sprache, die sich überhaupt nicht vom Griechisch der Festlandstäfelchen unterscheidet. Wie schon gesagt, stammen die Täfelchen leider alle aus der Zeit der Zerstörung und geben keinen Aufschluß darüber, wann Griechen eingedrungen waren. Alle Anzeichen deuten jedoch darauf hin, daß es zu Beginn der großen Epoche von Knossos während Spätminoisch II geschah, etwa hundert Jahre, nachdem auf dem Festland das Späthelladikum eingesetzt hatte. Unter anderem wandelte sich die charakteristische Eigenart der kretischen Gräber, die nun festländische Vorbilder hatten und zu denen zum ersten Mal auch echte Kriegergräber gehörten. Ungefähr zur selben Zeit waren Zentren wie Phaistos und Mallia keine ‚Königsresidenzen‘ mehr und der große Palast von Kato Zakros an der Ostspitze der Insel, der viertgrößte auf Kreta, nach einer Naturkatastrophe verlassen. Er wurde erst 1961 wieder aufgefunden.[8] Das könnte heißen, daß die neuen Herren von Knossos aus eine

Art Oberhoheit über beträchtliche Teile der Insel ausübten, ohne sich in großen Scharen auch in anderen Zentren niederlassen zu müssen, und würde erklären, warum Spätminoisch II als ‚selbständige‘ Phase nicht außerhalb von Knossos vorkommt.

Während Spätminoisch II war Knossos auf der Höhe seiner Macht. Seit Evans nimmt man das Ende dieser Epoche um 1400 v. Chr. an, nach der heutigen Auffassung sogar etwa drei Jahrzehnte später. Eine verhältnismäßig kurze Zeitspanne also, die mit einer Katastrophe endete. Dabei könnte sich auch ein Erdbeben ereignet haben, aber es muß noch mehr hinzugekommen sein, denn dieses Mal war Knossos unrettbar verloren. Das Leben ging zwar in Kreta weiter, aber die Ära der Machtentfaltung und die Zeit der Paläste waren für immer vorbei. Von nun an sollte das Festland den Schauplatz beherrschen. Wenn sich wirklich eine Naturkatastrophe ereignet hatte, könnte sie von einer Art Volksaufstand gefolgt gewesen sein, der die griechischen Herren aus Kreta vertrieb, aber auch auslöschte, was noch an einheimischem Potential übriggeblieben war, das die griechischen Eroberer ein Jahrhundert zuvor schon schwer beeinträchtigt hatten. Aber das sind nur Vermutungen, für die es keine wirkliche Grundlage gibt und die noch fragwürdiger wären, wenn sich neue Vermutungen durchsetzen sollten, wonach der Fall von Knossos um 1200 oder sogar um 1150 v. Chr. anzusetzen wäre, um mit dem Ende der Bronzezeit auf dem Festland zusammenzutreffen. Die archäologischen Anhaltspunkte sprechen allerdings für die herkömmliche Datierung, an der die meisten Fachleute festhalten.[9]

5. Die Mykenische Kultur

Gegen Ende von Mittelminoisch III, während der großen kretischen Palastepoche, um 1600 v. Chr., traten auf dem griechischen Festland Ereignisse ein, die den Verhältnissen dort und der Geschichte der Ägäis überhaupt eine ganz neue Wendung gaben. Das eigentliche Geschehen bleibt uns ein Rätsel und Anlaß zu immer neuen Überlegungen und unlösbaren Kontroversen, aber die sichtbaren Folgen sind eindeutig genug. Mykene wurde plötzlich zu einem reichen, mächtigen Zentrum, dem Mittelpunkt einer kriegerischen Kultur, die in diesem Bereich einzigartig war. Bald darauf entstanden in Mittel- und Südgriechenland weitere bedeutende Zentren und erstreckten ihren Einfluß über die ägäische Inselwelt und die Küsten Kleinasiens und Syriens im Osten, im Westen bis Sizilien und Süditalien. Von nun an stimmen die archäologischen Zeugnisse des Festlands und vieler Inseln etwa 400 Jahre lang so weitgehend überein, daß man sich leider angewöhnt hat, die ganze Kultur ‚mykenisch‘ zu nennen, obwohl dieses Wort in der Antike nie verwendet wurde. Es schadet nichts, die Bezeichnung im abstrakten Sinn beizubehalten (wie beispielsweise ‚islamisch‘), aber man muß sich hüten, Mykene unversehens einen führenden politischen Einfluß zu unterstellen, oder die Vorstellung einer weit verstreut lebenden Gesellschaft erwecken zu wollen, die von Mykene aus beherrscht wurde, etwa wie das Assyrische Reich von Assur aus. Wir werden sehen, daß solche politischen Schlußfolgerungen auf keinen Fall berechtigt sind.

Den ungewöhnlichen Auftakt zu dieser Kultur bezeugt allerdings nur Mykene. Dabei geht es lediglich um zwei Grabkreise, den älteren Kreis B, der 1951 von griechischen Archäologen ausgegraben wurde, mit dem Hauptdatum um 1600 v. Chr., und den vielleicht 100 Jahre jüngeren Kreis A *(Abb. 16)*, den Heinrich Schliemann 1876, sechs Jahre nach der Entdeckung Trojas, gefunden hatte. Damit war der entscheidende Durchbruch zu einer modernen Analyse der Bronzezeit in Griechenland erzielt. Beide Gräberkreise gehörten zu einer großen

Nekropole, vermutlich außerhalb der eigentlichen Siedlung, und sind in dreifacher Hinsicht interessant. Erstens waren sie absichtlich umfriedet, galten also als sehr wichtig. Zweitens gab es zahlreiche luxuriöse, z. T. kriegerische Grabbeigaben. Drittens waren es lediglich diese Gräber, mit denen sich die Vorstellung einer Gedenkstätte für Macht und Herrschaft verband, denn man fand keine Spur einer Siedlung, was bedeuten muß, daß es weder Mauern noch Befestigungswerke, noch steinerne Palastbauten gegeben hat. Die Bestattungen selber lagen unregelmäßig verstreut in diesem Gräberrund. Es handelte sich entweder um die üblichen Kistengräber oder um tiefe Schachtgräber, etwa 24 im Kreis B und nur 6 im Kreis A, letztere allerdings ausschließlich Schachtgräber.

An der Begräbnisweise selbst zeigt sich kein radikaler Bruch mit überlieferten Gebräuchen, nicht einmal darin, daß Knochen und Beigaben früherer Bestattungen unfeierlich beiseite geschoben wurden, um späteren Platz zu machen. Aber alles andere war neu. An der Oberfläche wurde das Grab durch aufrechtstehende Steinplatten bezeichnet _(Abb. 15)_, in die häufig figürliche Darstellungen, Tiere, Kriegs- oder Jagdszenen eingeritzt waren. Dagegen erscheint kein Name, kein Porträt oder sonst ein direkter Hinweis auf eine bestimmte Person. Auch hier ist man ganz der Tradition der Bronzezeit verbunden, nach der der Herrscher anonym blieb. Der Gräberkreis muß lange Zeit sakrale Bedeutung besessen haben. Als man während der großen Bautätigkeit nach 1300 v. Chr. die über 900 m lange Umfassungsmauer anlegte, wurde Kreis A in ihren Bereich mit eingeschlossen, als ‚geheiligter‘ Grund beibehalten und durch einen sorgfältig ausgeführten Doppelring aus Kalksteinplatten abgegrenzt _(Abb. 16)_. Wir wissen nicht, was die Erbauer damals von diesem Gräberrund wußten oder glaubten, aber hinter ihrer Überzeugung muß ein starker Impuls gestanden haben, denn die eigentliche Oberfläche lag um diese Zeit schon beträchtlich unter der Erde, und man hätte sich viel Mühe erspart, wenn man die ganze Gegend unbeachtet gelassen hätte.

Es würde mehrere Seiten brauchen, wollte man den Inhalt der reichsten Gräber des Kreises A, Nr. III, IV _(Abb. 17 und 18)_ und V angemessen beschreiben. Karos Katalog von Grab III führt allein schon 183 Objekte auf, und diese Zahl ist noch zu niedrig, denn mancher Posten besteht aus mehreren Gegenständen. Einmal sind es z. B. „64

3. Grabstele des Kreises B, Mykene

kreisrunde goldene Plättchen, mit (eingravierten) Schmetterlingen"[1].
Darunter ist alles Material, das von jeher kostbar war, besonders
Gold, in solcher Menge und künstlerisch hervorragender Ausführung,
daß zum Vergleich nur die mehr als 1000 Jahre späteren skythischen
Grabfunde in Südrußland oder Kostbarkeiten aus den Gräbern der
Makedonenkönige in Vergina heranzuziehen sind. Neben vielen zar-
ten, fast femininen Blattgold- und Filigranarbeiten an Schmuckstük-
ken aller Art fand man zahllose Schwerter und kriegerisches Zubehör.
Dagegen fehlt etwas, das vielleicht den sogenannten ‚Kykladenidolen'
entsprechen könnte, also ein Erzeugnis, das nicht zu den eindeutig
nützlichen Dingen des diesseitigen Lebens, den Waffen, Geräten und
Kleinodien, gehört. Material, künstlerische Fertigkeit und Ausdrucks-
weise zeigen zwar Anklänge an die umliegenden Kulturen und Anlei-
hen aus ihnen, aber im Grunde ist alles neuartig in Stil und Ausführung, eine Schöpfung der mykenischen Herrscher und ihrer Handwerker.

Wir wissen nicht, wer die in diesen besonderen Gräbern bestatteten
Männer und Frauen waren, aber sie standen auf jeden Fall an der Spitze der Machtstruktur in einer Gesellschaft, wie es in Griechenland
noch keine gegeben hatte. Es wäre naheliegend, das Erscheinen dieser
Menschen mit dem Auftreten von Streitwagen und Langschwert in
Verbindung zu bringen, obwohl uns die ersten Gräber aus Kreis B dafür etwas zu früh vorkommen. Streitwagen sieht man jedenfalls besonders häufig auf den Stelen *(Abb. 15),* die die späteren Schachtgräber
bezeichnen, und ebensooft kommen sie in den noch späteren Linear-
B-Inventaren aus Knossos und Pylos vor. Die Erfindung des Streitwa-
gens wurde importiert, nicht etwa die Wagen selber, doch deswegen
waren nicht auch die Menschen Einwanderer, die sich dieser neuen
Waffe bedienten. Auch der Überfluß an Gold ist kein Indiz für eine
Wanderbewegung. Er könnte z. B. der Gewinn von Söldnerdiensten in
Ägypten gewesen sein, wie gelegentlich angenommen wird, oder von
erfolgreichen Überfällen, von Handelsgeschäften oder von allen drei-
en zusammen herrühren. Vorläufig müssen wir leider zugeben, daß
die Ursachen des plötzlichen Machtaufschwungs und Reichtums unbekannt sind.

Die Schachtgräber und ihr Inhalt offenbaren eine stete Zunahme an
technischen und künstlerischen Fertigkeiten und eine immer größere

Zusammenballung von Macht. In vielen Gegenden Mittelgriechen-
lands und der Peloponnes gab es eine ähnliche Entwicklung während
Späthelladisch I und II (Untergliederungen, die übrigens schwer zu
unterscheiden sind). Das sichtbare Zeichen dafür – zunächst außerhalb von Mykene und dann auch dort – war eine ganz neue Art von
Grabkammern, nämlich die mächtigen *Tholos*- oder Kuppelgräber. Es
waren in einen Hügel geschnittene runde Kammern, zu denen ein
eigener Gang *(dromos)* führte und die durch sorgfältig aufgeführte,
ringförmig geschichtete, überkragende Steinlagen kuppelartig über-
dacht wurden. Den Abschluß bildete ein Schlußstein über dem natürlichen Gipfel des Hügels. Der Bau wurde verschlossen, mit Erde bedeckt und war als imposante Erhebung sichtbar. Eine Vorstellung von
den Ausmaßen vermitteln die Dimensionen des größten Kuppelgra-
bes, das auch eines der spätesten ist, des ‚Schatzhauses des Atreus‘ in
Mykene, wie es allgemein, aber unrichtig, heißt *(Abb. 20)*. Der Durchmesser des Kuppelraumes beträgt 14,50 m, die Höhe 13,20, der *dromos* ist ca. 36 m lang und der Block des Türsturzes wiegt etwa 100 t.

Auf solche Gräber sind wir nicht vorbereitet. Wir kennen keine ar-
chitektonischen Vorläufer für sie, weder in Griechenland noch an-
derswo. Aber aller Zweifel, daß sich hier nicht nur Macht offenbart,
sondern mehr oder weniger eine außerordentlich hohe Stellung in der
Herrschaftsordnung deutlich wird, also wohl das Königtum, verschwindet angesichts der zahlreichen Kammergräber mit kostbaren
Grabbeigaben, die es noch außer den Kuppelgräbern gibt. Hier sind
ranghohe Familien bestattet, die nicht an der obersten Spitze stehen.
Über Verbreitung und Standort dieser neuen Dynastien in Mittel- und
Südgriechenland kann man eine Karte anlegen, indem man nur den
Kuppelgrabbauten nachgeht, von denen die meisten im 15. Jahrhun-
dert v. Chr. entstanden sind (Späthelladisch II). Das Wort ‚Dynastie‘
ist durchaus berechtigt, denn es hat nachweislich über mehrere Generationen hinweg aufeinanderfolgende Bestattungen gegeben, auch in
den Kammergräbern, wobei die Kammer jedes Mal mit ziemlicher
Mühe geöffnet und wieder verschlossen werden mußte. Es läßt sich allerdings nicht feststellen, ob die Herrscherwürde auch bei bestimmten
Familien blieb, Usurpatoren sind nämlich auf die gleiche Art bestattet.
Die Epoche der Kuppelgräber ist dasselbe Zeitalter, in dem die Aktivität des Mutterlandes auch außerhalb seiner Grenzen klar sichtbar

wird, in Gestalt weit verbreiteter Keramikfunde, die zunächst vor al-
lem im Westen (Sizilien und Süditalien) auftreten, aber am Ende von
Späthelladisch II auch in der anderen Richtung, in Rhodos, Zypern,
Milet in Kleinasien und anderen Orten, eine Entwicklung, die in der
Endphase der Bronzezeit, während Späthelladisch IIIA und B, ihren
Höhepunkt erreichte. Hier macht es sich nun besonders unangenehm
bemerkbar, daß die Linear-B-Täfelchen inhaltlich so beschränkt sind.
Viele wurden in Pylos, einige in Mykene, Tiryns und Theben gefunden, bisher aber an keinem anderen Ort des Festlandes. In Sprache
und Inhalt ähneln sie den Knossostäfelchen, und wie in Knossos weisen sie Lücken in der zeitlichen Abfolge auf; alle stammen aus der Zeit
der Vernichtung durch eine Brandkatastrophe. Wenn es richtig ist,
daß Knossos kurz nach 1400 v. Chr. zerstört wurde, wie man allgemein annimmt, müßte ein Volk, das Griechisch sprach, während des
Höhepunkts der Kuppelgräberzeit die Herrschaft in Knossos übernommen haben. Wir wissen aber nicht, aus welcher Gegend Griechenlands diese Menschen kamen. Daß sie aus Mykene stammten, ist eine
völlig unbegründete Vermutung. Ebensowenig steht fest, wann und
wo die Linear-B-Schrift zum ersten Mal auf dem Festland auftauchte.
Leider ist auch die Massenproduktion von ‚mykenischer‘ Keramik vor
Späthelladisch IIIC stilistisch und technisch ziemlich einförmig, so
daß man die Herstellungsorte nur schwer, oft überhaupt nicht unterscheiden kann.[2] Wenn daher heute von ‚mykenischer Keramik‘ die
Rede ist, die z. B. auf den Liparischen Inseln gefunden wurde, ist damit
Keramik aus der mykenischen Welt, vielleicht sogar einschließlich
Rhodos' und Zyperns gemeint, also nicht notwendig Keramik vom
griechischen Festland oder gar aus Mykene selbst. Es könnte sich allerdings auch um lokale ‚Imitationen‘ handeln.

Die Frage nach den Beziehungen zwischen den Zentren im Mutterland und Orten mit besonders reichen Keramikfunden macht uns daher sehr zu schaffen. Es muß als sicher gelten, daß es ausgedehnten
Handel gab und das Festland schon vor dem Ende des 3. Jahrtausends
anfing, mit Kreta zu konkurrieren. Ohne Handelstätigkeit wären z. B.
Bernstein und Elfenbein nie nach Griechenland gelangt, höchstwahrscheinlich aber auch kein Gold, Zinn und Kupfer. Von etwa 1500
v. Chr. an tauchen mykenische Objekte und mykenische Ornamentik
vereinzelt auch in Mitteleuropa auf, wohin sie deshalb gelangt waren,

weil die Mykener Metalle brauchten. Bernstein kommt überwiegend von der Ostsee[3] und ist in Griechenland von der Schachtgräberzeit an bis zum Ende des mykenischen Zeitalters häufig zu finden, selten dagegen im minoischen Kreta und nachmykenischen Griechenland.

Aber wer waren die Kaufleute und unter welchen Voraussetzungen konnten sie Handel treiben? Die Linear-B-Täfelchen vom Festland geben auf diese Frage ebensowenig Antwort wie die Knossos-Täfelchen. Die Anhäufung mykenischer Keramik im süditalienischen Scoglio del Tonno, in der Gegend von Tarent, bedeutet mit großer Wahrscheinlichkeit, daß hier eine ‚mykenische' Handelsniederlassung bestanden hat, die mit dem Warentransport aus Mittel- und Westeuropa zu tun hatte. Für die öfters gehörte Ansicht, Rhodos und Milet seien mykenische Kolonien gewesen, findet man nur schwer die überzeugenden Argumente. Das Material sieht zwar an beiden Orten, im Gegensatz zu Zypern, ‚mykenisch' aus, doch damit sind politische Verbindungen zum Festland noch nicht bewiesen. Wenn wir über das klassische Rhodos und über Milet im Jahre 400 v. Chr. ebenso spärlich Bescheid wüßten, müßten wir beide Orte bei dieser Argumentierweise für Kolonien halten und hätten damit natürlich Unrecht. Die Entzifferung von Linear B hat uns zwar die Beziehungen zwischen dem Festland und Knossos in neuem Licht gezeigt, aber trotzdem wissen wir nicht, ob Knossos nach der Machtübernahme durch ein Griechisch sprechendes Volk wirklich zur Treue verpflichtet oder der festländischen Übermacht unterworfen wurde. Handel und Auswanderung, Eroberung und Kolonialismus haben oft unübersichtliche Auswirkungen.

Auch auf dem Festland sind die politischen Beziehungen keineswegs klar. Auf das Besondere haben wir schon hingewiesen, daß die Kuppelgräber nämlich älter sind als große Wohnbauten, daß also die Könige und Fürsten ihren Reichtum auf diese Grabkammern verschwendeten und durch sie ihre Macht zum Ausdruck brachten, bevor sie sich mit dem Bau von Palästen und Häusern beschäftigten. In Pylos fanden die Ausgräber Reste einer ausgedehnten Unterstadt, die älter als der große Palastbau ist, deren Geschichte sich aber nicht weit zurückverfolgen läßt. So sieht es allenthalben in Griechenland aus. Wir wissen, daß die Bevölkerungszahlen stark gestiegen waren und die Einwohner in Dörfern beisammen wohnten, die gewöhnlich an den

Hängen lagen und das Ackerland überblickten. Fast 500 mykenische Siedlungen sind bisher auf dem Festland lokalisiert worden. Es ist auch bekannt, daß die Gesellschaft hierarchisch strukturiert war und von einem Kriegerstand unter Fürsten oder Königen regiert wurde. Nach 1400, meist sogar erst um 1300, kam dann der große Umschwung, und auf eine Epoche der Beschränkung auf eindrucksvolle Grabbauten folgte die Zeit der befestigten Paläste. Plätze wie Tiryns *(Abb. 21)*, Mykene in der östlichen Peloponnes, die Akropolis in Athen, Theben und Gla in Boiotien hatten nun mehr Ähnlichkeit mit den Festungsorten des Mittelalters als mit der offenen, agglutinierenden Bauweise der kretischen Palastkomplexe. Noch immer wuchsen die Bauten zellenartig, aber den Kern bildete nun das sogenannte *megaron*, bestehend aus Säulenvorhalle oder Vestibül, langem Hauptraum und gewöhnlich einer rückwärtigen Vorratskammer.

Die Betonung des Festungsmäßigen und Kriegerischen kann wohl nicht nur eine Geschmacksfrage, sondern muß auch ein Erfordernis der gesellschaftlichen Situation gewesen sein, während es in Kreta dazu vermutlich weniger Anlaß gegeben hatte. Die Linear-B-Täfelchen vom Festland verzeichnen die gleichen Tätigkeiten wie in Knossos, enthalten ähnliche Inventare und dokumentieren das gleiche Schema von Verwaltung und Palastkontrolle über das Gemeinwesen und die umliegende Gegend (jedoch nicht weit darüber hinaus). Aber die Täfelchen geben keinen Aufschluß über das Kriegswesen, und wir müssen sehen, ob dazu nicht etwas aus der Lage und Geschichte der Burgen selbst hervorgeht. Warum gab es in der Argolis und in der Umgebung von Korinth relativ viele Burgen, während Pylos im weiter westlich gelegenen Messenien nur leicht befestigt war? Es wundert auch, daß einen Tagesmarsch nordwärts von Pylos große Kuppelgräber lagen und der Ort Peristeria eine starke Bergfestung hatte, deren antiken Namen wir nicht kennen. Argos war im Mittelhelladikum eine stattliche Siedlung und später, von Späthelladisch II an, ununterbrochen bewohnt, aber es hatte weder einen Palast noch Festungswerke, kein einziges Kuppelgrab und keine Waffen als Grabbeigaben. Es unterstand anscheinend dem etwa 10 km nördlich gelegenen Mykene oder Tiryns, das etwas näher im Süden liegt, und besaß keine eigene kriegerische Oberschicht. Andererseits kann man sich schwer vorstellen, daß Mykene und Tiryns ebenbürtige Mächte gewesen sind, die sich in die argivische Ebene geteilt haben, sowenig wie es möglich scheint, daß Theben und Gla in Boiotien gleichgestellt waren. In den Generationen nach den frühen Kuppelgräbern haben die andauernden Überfälle und Kriegszüge wahrscheinlich manchem erfolgreichen Fürsten zu überlegener Machtstellung und Oberherrschaft verholfen, wobei die kleineren oder besiegten Anführer entweder vernichtet wurden oder in irgendeiner Form eines Abhängigkeitsverhältnisses weiterleben durften. An vielen Orten, z. B. Mykene, Tiryns und Theben, findet man Brandspuren und Zeichen der Zerstörung, gefolgt von Veränderungen an Gebäuden und Festungsanlagen. Man kann also wohl von Kriegsschäden sprechen. Zweifellos gab es auch Heiraten zwischen Herrscherhäusern, die Thronfolge und zwischenstaatliche Beziehungen – wie das zu allen Zeiten der Fall ist – noch verwickelter machten.

Das Bild, das wir nun nach Auswertung der Täfelchen und der archäologischen Zeugnisse gewinnen, zeigt das mykenische Griechenland in eine Anzahl kleiner bürokratischer Staaten geteilt. Allen gemeinsam ist die kriegerische Aristokratie, das hohe Niveau der Handwerkskunst, ein weitgespannter Außenhandel für Bedarfsgüter (Metalle) und Luxusartikel und die im besten Falle ständige bewaffnete Neutralität in den Beziehungen untereinander und zeitweise wohl auch zu den Unterworfenen. Nichts deutet darauf hin, daß Mykene an Macht überlegen war. Diese Vorstellung stammt allein aus dem homerischen Epos, das uns Agamemnon als den Hauptbefehlshaber eines Koalitionsheers im Feldzug gegen Troja überliefert (wobei ihm alsbald der Gehorsam verweigert wird, wie wir wissen). Aber welchen Einfluß der Fürst von Mykene auch in der Argolis besessen haben mag, aus dem zeitgenössischen Beweismaterial geht hervor, daß Pylos, Theben oder Iolkos ihm in nichts nachstanden.[4]

Ein direktes Spiegelbild ihrer Kriegergesellschaft vermittelt uns die mykenische Palastkunst nur auf einigen Kampfszenen. Außer in der Keramik ist diese Kunst erstaunlich wenig originell und verrät die gleiche Vorliebe für abstrakte und vegetabile Ornamentik wie die kretischen Vorbilder, bevorzugt die gleichen monotonen Prozessionszüge, die gleiche Förmlichkeit und Unbeweglichkeit. Auch das Unpersönliche findet sich wieder. Kaum jemals ist z. B. ein ‚Ausländer‘ dargestellt, den man an Gesichtszügen, Tracht, Haar oder Bart erkennen könnte. Daß die Monumentalität der Architektur nicht auf Malerei und Plastik übertragen wurde, wundert um so mehr, wenn man die engen Kontakte zu Anatolien und Ägypten im 13. Jahrhundert v. Chr. bedenkt. Wir haben aber nicht einmal etwas annähernd so Großes wie die lebensgroßen mittelhelladischen Skulpturen aus Keos *(Abb. 5)*, von denen in Kapitel 3 die Rede war.

Trotz der Überfülle von Götternamen auf den Linear-B-Täfelchen und der Kataloge, die entweder Götterdiener bedeuten oder Spendenlisten sind, ist die mykenische Religion archäologisch noch immer weniger gut bezeugt als die minoische. Es gibt zwar Gemmen und Siegel meist kretischer Herkunft und ohne Merkmale, die sie als mykenisch ausweisen, auf denen Altäre, Götterdarstellungen *(Abb. 22)* und rituelle Feiern abgebildet sind, aber in den Palastanlagen war weder ein eindeutig identifizierbares Heiligtum noch ein Zeremonialraum gefunden worden. Im Sommer 1968 und im Jahr darauf wurde dann in Mykene ein Gebäude ausgegraben, das aus den letzten Jahrzehnten vor der Zerstörung der Palastanlage stammt, ein großer Raum, in dem Podien und Gegenstände so gestanden hatten, als ob hier Kulthandlungen vollzogen worden wären. Daneben lag eine kleine, versiegelte ‚Vorratskammer' von knapp 4 m², in der u. a. etwa 16 hohle, unbekleidete Tonfiguren aufbewahrt wurden, vier männliche, fünf weibliche, eine sechste wahrscheinlich weiblich und zwei Hermaphroditen, alle bis 60 cm hoch, mit kurzen erhobenen oder ausgestreckten Armen (aber ohne Beine) und angedeuteten Brüsten. Haar und Gesichtszüge wurden später hinzugefügt, wie man Henkel und Ausguß an Gefäße fügt. Die Kammer enthielt außerdem sechs realistisch wiedergegebene, zusammengerollte, prachtvolle Schlangen aus Ton *(Abb. 23)*. Die Statuetten sind dagegen äußerst ‚primitiv' und häßlich, mit Ausnahme einer einzigen, besonders kleinen, die bekleidet und bemalt ist *(Abb. 19)*.[5]

Dieser Fund ist bisher in jeder Hinsicht einzigartig. Schlangen sind häufig in Verbindung mit menschlichen Figuren dargestellt, hier kommen sie aber im bronzezeitlichen Ägäisraum zum ersten Mal allein vor. Die Statuetten sind in ihrer Gesamterscheinung mit nichts zu vergleichen, wenn auch auf Ähnlichkeiten in Herstellungstechnik und Haltung mit einer kretischen Figurengruppe hingewiesen wurde. Einen zweiten ‚Vorratsraum' dieser Art besitzen wir nicht. Mit allgemeinen Behauptungen zur mykenischen Kultur sollten wir demnach vorsichtig sein; sie müssen provisorisch bleiben. Fast widerstrebend stellen wir daher fest, daß Spuren weiterer ‚Tempel' der mykenischen Zeit bisher nur in Eleusis, Keos, Delos und möglicherweise Melos einigermaßen gesichert sind, und es vielleicht kein Zufall war, daß keiner dieser Orte ein Zentrum weltlicher Machtentfaltung gewesen ist.

6. Das Ende der Bronzezeit

In hethitischen Archiven haben sich auch etwa 20 Texte aus dem dritten Viertel des 2. Jahrtausends erhalten, in denen ein ‚Königreich'
Achchiyawa erwähnt wird. Es scheint ziemlich unabhängig gewesen
zu sein, lag wohl an der Westgrenze des Hethitergebietes und machte
den Hethitern besonders zuletzt zu schaffen, als das Reich allmählich
an Macht zu verlieren begann. Seit diese Urkunden vor mehr als einem
Menschenalter zum ersten Mal entziffert wurden, hat man das Volk
von Achchiyawa mit den Achaiern in Verbindung bringen wollen, wie
Homer in der Ilias die Griechen am häufigsten nennt. Daher war
‚Achaier' vermutlich der Name oder einer der Namen, mit denen sich
die Griechen in mykenischer Zeit, wie diese Epoche heute allgemein
heißt, selbst bezeichneten. Die Argumente sind gelehrt und kompli-
ziert, doch nicht wirklich zwingend. Neuere linguistische Analysen,
archäologische Entdeckungen und eine Überprüfung der früher allgemein akzeptierten hethitischen Königschronologie lassen eine Identifizierung mit den Achaiern immer unhaltbarer erscheinen.[1] Es besteht
bestenfalls die Möglichkeit, daß sich ‚mykenische Griechen' von der
kleinasiatischen Küste oder den davorliegenden Inseln an den ständigen Piratenzügen und Scharmützeln an den Grenzen des hethitischen
Einflußbereichs beteiligt haben.

Der Zusammenbruch des Hethiterreichs erfolgte dann um 1200
oder 1190, aber die Texte geben keinen Hinweis darauf, wer ihn ver-
ursacht haben könnte. Ein Zusammenhang mit den starken Wanderbewegungen eines losen Völkerverbandes in der östlichen Ägäis wird
jedoch immer wahrscheinlicher. Zweimal ist in ägyptischen Quellen
von diesen Völkern die Rede, für die sich durch eine falsche Lesart der
irreführende Name ‚Seevölker' eingebürgert hat. Der erste Hinweis
findet sich anläßlich eines Angriffs auf das Nildelta durch die Libyer
und ihre Söldner – ‚Leute von Norden, aus verschiedenen Ländern' –
zur Zeit des Pharao Merneptah, um 1220. Die ägyptische Quelle behauptet, sie seien zurückgeschlagen worden, und ihre Verluste an To-

ten und Gefangenen hätten eine fünfstellige Zahl erreicht. Unter den Söldnern waren auch die Akaiwascha oder Ekwesch,[2] in denen man wegen des Namens gelegentlich die Achaier sehen möchte, obwohl der Text besonders nachdrücklich darauf hinweist, daß sie beschnitten waren. Dieser Brauch ist jedoch weder bei den Griechen der historischen Zeit bekannt noch für das bronzezeitliche Griechenland belegt.

Der zweite Hinweis ist weit ergiebiger. Zu Beginn des 12. Jahrhunderts, vielleicht schon 1191, wehrte Ramses III. eine Großinvasion der ‚Seevölker‘ ab, die von Syrien kommend zu Land und zu Wasser in Ägypten einfielen. ‚Kein Land hielt vor ihren Armeen stand, von Chatti an: Quedi, Karkemisch, Arwad, Alaschia wurden verwüstet.‘[3] Obwohl es bei den Pharaonen sonst üblich ist, Siegesmeldungen stark zu übertreiben, darf man als Quintessenz der Ruhmesnachricht ohne weiteres glauben, daß die Ägypter eine Invasion zurückgeworfen hatten, die gleichzeitig auch eine Wanderung verschiedener Völkerschaften war und mit den späteren Germaneneinfällen in das Römische Reich vergleichbar ist. Diese Völkerscharen waren über weite Gebiete hereingebrochen, bevor sie besiegt oder aufgehalten wurden. Die Akaiwascha werden diesmal nicht genannt, und wegen der schon erwähnten Schwierigkeiten bei fremden Namen in Hieroglyphenschrift ist man sich uneinig, wie die verschiedenen Völker zu identifizieren sind. Eine Ausnahme bilden die Peleset oder Philister, die nach der Niederlage an der Küste Palästinas siedelten und diesem Gebiet den Namen gaben, den es noch heute trägt.

Die Philistersiedlungen enthalten fast von Beginn an reiche Funde an lokaler Keramik Mykenisch III C, während der Typ III B fehlt *(Textabb. 4 a–c)*. Das Bedeutungsvolle daran ist, daß durch den Übergang von III B nach III C überall, auf dem griechischen Festland, den Inseln und auch in Troja, das Ende des letzten großen Abschnitts der Bronzezeit bezeichnet wird. Dieses Ende erfolgte jäher als die meisten Zusammenbrüche vergangener Kulturen. Von Thessalien im Norden bis Lakonien und Messenien im Süden wurden mindestens ein Dutzend Burgen und Palastanlagen vernichtet, darunter Iolkos und Krisa (bei Delphi), Gla, Pylos, Mykene und die Burg unter den Ruinen klassischer Zeit in der Nähe von Sparta. Andere befestigte Siedlungen und selbst Friedhöfe wurden aufgegeben. Alle diese Zerstörungen müssen archäologisch in dieselbe Epoche, um 1200, zu datieren sein, und es ist fast unmöglich, keinen Zusammenhang mit dem Auftreten der ,Seevölker' und den Zerstörern des Hethiterreichs zu sehen. Ein rein zufälliges Zusammentreffen wäre äußerst ungewöhnlich, um so mehr, da die Unruhen ostwärts bis Mesopotamien reichten, nach Westen bis Italien, die Liparischen Inseln, Sizilien und vielleicht sogar Frankreich, und im Norden die Ostsee davon berührt wurde. Eine große Völkerwanderung zeichnet sich ab. Die Forschung neigt immer mehr dazu, aufgrund archäologischer Befunde und Folgerungen, die sich aus der weiteren Ausbreitung der indogermanischen Sprachen ergeben, die Donaugegenden im Bereich der Karpathen als eigentlichen Ausgangspunkt des Aufruhrs anzunehmen. Diese ,Völkerwanderung' war kein organisiertes, gemeinsam abgesprochenes Unternehmen. Ihre verschiedenen Schübe folgten offenbar in unregelmäßigen Abständen und aus unterschiedlichen Richtungen. Ägypten wurde z. B. erst von Westen her und ein zweites Mal, etwa eine Generation später, aus nordöstlicher Richtung angegriffen. Die wandernden Stämme hatten untereinander kaum dauerhafte Beziehungen, und das eigentliche Operationsziel war völlig ungewiß. Ähnlich verhielt es sich bei den späteren Germaneneinfällen, wie sich mit diesen auch vergleichen läßt, daß Handelsbeziehungen und kulturelle Wechselwirkungen schon Jahrhunderte vor dem Beginn der Überfälle bestanden hatten, in unserem Fall zumindest mit Griechenland.

Die Bevölkerung Griechenlands wurde direkt aus dem Norden angegriffen, wo immer der ursprüngliche Ausgangspunkt der Bewegung gelegen haben mag. Vielleicht steht der Bau einer mächtigen Mauer damit in Zusammenhang, die man über den Isthmos von Korinth zu errichten begonnen hatte und von deren südöstlichem Ende sich Spuren erhalten haben. Aber selbst wenn es so war, die Mauer wurde vergeblich gebaut. Die Eindringlinge konnten sie überwinden und die Burgen auf der Peloponnes zerstören, mit denen die politische Ordnung und ein Netz von Siedlungen zugrunde ging, zu deren Schutz sie einst angelegt worden waren.[4] Bevor wir uns aber den Folgen zuwenden, wollen wir eine andere schwierige Frage behandeln, die Geschichte Trojas, das in der nordwestlichen Ecke Kleinasiens liegt.

Die Burg von Troja, auf einem Höhenzug wenige Kilometer von der Ägäis und den Dardanellen entfernt, überblickt und beherrscht eine fruchtbare Ebene. Spuren einer neolithischen Besiedlung fehlen. Troja war vom Beginn der Bronzezeit an bewohnt, seit etwa 3000 v. Chr., und von Anfang an eine Festung. Der archäologische Befund zeigt während der langanhaltenden Phase der frühen Bronzezeit bis zum Beginn des 2. Jahrtausends eine erstaunliche kulturelle Kontinuität. Dennoch waren es keineswegs immer friedvolle Jahrhunderte. In regelmäßigen Abständen ereigneten sich Katastrophen, daher die fünf Schichten, die sich deutlich voneinander abgrenzen. Aber auf jeden Zusammenbruch scheint sofort der Wiederaufbau erfolgt zu sein, ohne daß sich in der Bevölkerung ein neues Element bemerkbar machte. Troja II war die reichste der fünf Schichten und enthielt schon mehrere Jahrhunderte vor den Schachtgräbern von Mykene höchst eindrucksvolle Goldarbeiten, den ersten von Schliemann gefundenen ‚Schatz‘. Die folgende Zeit war ärmer, ja armselig, aber die Kontinuität bleibt offenbar bruchlos gewahrt. Archäologisch gesehen steht die Frühzeit Trojas in Verbindung mit Funden der gleichen Zeit, die von den Inseln der nördlichen Ägäis, den Kykladen, Thrakien, Makedonien und seltsamerweise den weit im Westen liegenden Liparischen Inseln stammen. Zu den Hethitern oder zu Syrien besteht überhaupt keine Beziehung, obgleich weitere Grabungen im nordwestlichen Kleinasien näherliegende Parallelen ergeben könnten. Andere Anhaltspunkte besitzen wir nicht, denn in Troja wurde kein einziges geschriebenes Wort entdeckt, und es gibt nirgendwo sonst eine gleichzeitige Urkunde, die sich unmißverständlich auf Troja bezieht.

Früh im 2. Jahrtausend v. Chr. erschien mit Troja VI eine neue Kultur, die ebenso unerwartet auftrat wie andere wichtige Neuerungen im übrigen ägäischen Raum. Troja VI wurde der bei weitem mächtigste Abschnitt der trojanischen Geschichte und gipfelte in einer Periode technischer Fortschritte, in der es solide gefügte Festungsmauern gab, aber auf anderen Gebieten nichts Kostbares oder künstlerisch Auffallendes. Da sich in den Ruinen Pferdeknochen fanden, war es vermutlich das Pferd, das den neuen Bewohnern einen beträchtlichen, wenn nicht den entscheidenden Vorteil gegenüber den Vorgängern verschafft hatte. Die großen Mengen an minyscher Keramik und später an importierter Ware Mykenisch III A sprechen für eine enge Verbindung mit Griechenland. Nach etwa 500 Jahren wurde Troja VI durch eine gewaltige Katastrophe zerstört, bei der es sich eher um ein Erdbe-

ben als um Menschenwerk gehandelt haben dürfte. Troja VII a, die
gleich darauf folgende Wiederbesiedlung, zeigt sich zwar kulturell
unverändert, aber wie nach Troja II sind Niveau und Standard in jeder
Hinsicht reduziert. Gerade diese geschrumpfte Stadt gehört nun in die
letzte große bronzezeitliche Epoche Griechenlands, die Zeit von Mykenisch III B, die um 1300 beginnt. Der Zeitpunkt des Untergangs dieser Stadt ist wiederum mit allen Problemen verknüpft, die das Ende
der mykenischen Welt aufwirft und die wir hier erörtern.

Der archäologische Befund läßt erkennen, daß Troja VII a von
Menschenhand zerstört wurde. Das Datum ist nur mit Hilfe der Keramik zu gewinnen und besonders dadurch bestimmt, daß Troja VII a
nur Mykenisch III B-Ware enthält, III C-Ware dagegen erst in Troja
VII b vorkommt, das bloß kurze Zeit bestanden hat. Leider sind hier
die Funde so spärlich, daß wir nicht sagen können, in welcher Phase
von VII b der neue Stil zum ersten Mal aufgetreten ist.[5] Wenn es mit
anderen Dingen genauso stünde, könnte man vielleicht behaupten,
daß der Fall von Troja VII a mit der allgemeinen Umwälzung um 1200
zusammenhing, von der die ganze ägäische Welt betroffen war. Aber
daß es nicht so steht, zeigt die griechische Überlieferung vom Trojanischen Krieg, von einer großen Koalition vom Festland, die Troja
überfiel und zerstörte. Wenn diese Überlieferung einen geschichtlichen Kern hat, könnte der Trojanische Krieg von griechischer Seite
aus nur während Mykenisch III B stattgefunden haben, also als Krieg
gegen Troja VII a. Daß die Ruinen zu unbedeutend wären, um von
Homers mächtiger Stadt des Priamos zu stammen, ist kein ernsthafter
Einwand, denn man muß bei jeder ausgeschmückten mündlichen
Überlieferung mit Übertreibungen rechnen. Die Datierung ist allerdings ein Problem. Um 1200 war wahrscheinlich keine organisierte
mykenische Invasion in Troja mehr möglich, denn die Machthaber in
Griechenland waren selber Angriffen ausgesetzt oder ihnen schon er-
legen. Um diese Schwierigkeit zu beseitigen, könnte man den Krieg
um eine Generation zurückdatieren, was dann allerdings Unstimmig-
keiten in den Wechselbeziehungen zwischen den Daten der Funde
von Troja und den Entdeckungen an den wichtigsten griechischen
Fundstätten zur Folge hätte. Ein kleiner Kreis von Gelehrten möchte
deshalb die griechische Überlieferung überhaupt als Mythos aufgefaßt
wissen und Troja die einzigartige Bedeutung für die Spätbronzezeit in

Griechenland, ja sogar alle Bedeutung für die Geschichte dieser Zeit aberkennen.

Wie Troja unterging, mag umstritten sein, aber über das Ausmaß der Katastrophe auf dem Festland besteht kein Zweifel. Es wäre allerdings mißverständlich, einfach vom Ende oder der Zerstörung einer Kultur zu sprechen, ohne den Begriff zu erläutern und seine Bedeutung näher zu erklären. Unter Zerstörung verstehen wir zunächst einmal die Vernichtung der Palastanlagen und ihrer Befestigungswerke. Mit ihnen ging vermutlich die besondere ‚pyramidenförmige‘ Gesellschaftsordnung dahin, die diese Bauten in erster Linie hervorgebracht hatte. Auch das Kuppelgrab verschwand, von einigen rätselhaften und abgelegenen Ausnahmen in Thessalien und vielleicht in Messenien abgesehen. An seine Stelle trat wieder das Steinkistengrab, das vermutlich auch in mykenischer Zeit für die niederen Stände üblich gewesen war. Die Schrift ging ebenfalls verloren. Das scheint unglaublich, aber man muß bedenken, daß sie in der mykenischen Welt nach allen bis jetzt bekannten Zeugnissen nur den Bedürfnissen der Palastverwaltung diente. Als die Paläste gefallen waren, brauchte man auch die Schrift nicht mehr, und die Kunst des Schreibens geriet allmählich in Vergessenheit. Mit den Palästen war es so gründlich vorbei, daß es sie auch später in der Geschichte des antiken Griechenland nie wieder gegeben hat. Plätze wie Mykene, Tiryns und Iolkos waren zwar in Mykenisch III C, nach 1200, noch immer bewohnt, doch die Paläste wurden nicht mehr aufgebaut, und weder in Mykene noch irgendwo sonst sind Linear-B-Täfelchen aus dieser Zeit aufgetaucht.

Dieser entscheidende Wandel, der mit dem Eindringen von Völkerscharen begann, mußte natürlich allgemeine Veränderungen der Siedlungsweise mit sich bringen. Am Ende von Mykenisch III B ging die Bevölkerung nicht nur überall zurück, in manchen Gegenden sogar auffallend stark, auch Bevölkerungsumschichtungen und -verschiebungen hielten lange Zeit an. Bedeutende Siedlungszentren wie Pylos und Gla wurden ganz verlassen, andere dagegen, z. B. Athen und Theben, blieben in bescheidenerem Maßstab bewohnt. Es gab aber auch Gegenden, die jetzt mehr Einwohner hatten als zuvor. Dazu gehören das östliche Attika oder die dem Festland gegenüberliegende Küste Euboias, Asine an der Küste der Argolis und Achaia am Golf von Korinth (heute ist Patras wichtigste Stadt) und die Insel Kephallenia im

4. *Verschiedene Stilrichtungen der Keramik*

a) *Mykenisch IIIB (10 cm hoch, aus Attika)*
b) *Mykenisch IIIB (15 cm hoch, gefunden in Troja, Schicht VI)*
c) *Mykenisch IIIC (10 cm hoch, aus Attika)*
d) *Protogeometrisch (15 cm hoch, aus Attika)*

e

e) Geometrisch (77 cm hoch, aus Thera)

Jonischen Meer. Diese Uneinheitlichkeit liegt wohl zum Teil an den erneuten kriegerischen Auseinandersetzungen und Vertreibungen, die dem Hauptangriff gefolgt sein müssen und in Mykene und Tiryns durch weitere Zerstörungen um 1150 belegt sind. Wir dürfen auch annehmen, daß kleinere, untergeordnete Gemeinwesen, wie etwa Argos, anders behandelt wurden als die Machtzentren.

Es wäre begreiflich, wenn sich in so schwerer, verworrener Zeit die mykenische Bevölkerung zum Teil nun selber den plündernden Wandererzügen angeschlossen hätte. Sollten die Akaiwascha, die zur Zeit Merneptahs zu den ‚Seevölkern‘ gehörten, wirklich die Achaier gewesen sein, wäre das Beweis genug. Einen besseren Anhaltspunkt, der allerdings umstritten ist, bietet Zypern. Wie schon am Ende von Kapitel 3 gesagt wurde, gab es in den Jahrhunderten vor 1200 zwar Import von mykenischer Keramik, aber keine echte Auswandererbewegung vom griechischen Festland auf die Insel. Um 1200 zeigen sich dagegen auffallende Veränderungen im archäologischen Befund, die einen Zustrom von Einwanderern vermuten lassen. Die wichtigste Neuerung ist wohl das Mauerwerk in Enkomi, der Aufschwung betrifft aber auch das Metall- und Elfenbeinhandwerk. Schließlich gibt es noch die rätselhafte Schrift, die schon erwähnt wurde, von der sich aber leider aus diesem und den unmittelbar folgenden Jahrhunderten kein zyprisches Beispiel erhalten hat. Aber die Tatsache, daß es in Zypern noch in klassischer Zeit einen arkadischen Dialekt und eine mit Linear B verwandte Schriftform gegeben hat *(Textabb. 2)*, läßt sich doch am ehesten mit der Ankunft mykenischer Griechen um 1200 erklären. Dagegen wäre einzuwenden, daß die Insel schon erstaunlich kurze Zeit nach dem Auftreten der neuen Kulturmerkmale verwüstet wurde, und sich die Folgen sofort auf Siedlungsweise, Besitzstand und Kunsthandwerk auswirkten, wie es schon in Griechenland der Fall gewesen war.[6] Hier ist allerdings wieder ein ‚wenn‘ mit im Spiel. Wenn Alaschia wirklich Zypern wäre, müßten diese Verwüstungen von den ‚Seevölkern‘ auf ihrem Weg nach Ägypten angerichtet worden sein, wie es im Bericht des Ramses ausdrücklich heißt. Man könnte sich also eine erste große griechische Flüchtlingswelle vorstellen, deren Wirkung aus den neuen archäologischen Gegebenheiten deutlich abzulesen ist. Ihr sind vielleicht schon nach zwanzig Jahren die zerstörerischen ‚Seevölker‘ gefolgt. Aber damit ist die große Frage noch immer nicht beantwortet, ob es möglich wäre, daß Flüchtlinge in so kurzer Zeit so vieles bewirken konnten.

Eine Folge der neuen Situation im griechischen Mutterland war, daß sich die einzelnen Gemeinwesen gewissermaßen auf sich selbst besannen. Die Keramik Mykenisch III C ist stilistisch und technisch eine direkte Folge von III B *(Textabb. 4 a–c)*, hat sich aber, im Gegensatz dazu, sehr bald in lokale Töpferstile von merklicher Vielfalt unterteilt. Das liegt wahrscheinlich daran, daß der Palast über die Wirtschaft seines früheren Machtbereichs keine Kontrolle mehr ausübte und daß der überregionale Verkehr und die Handelsbeziehungen zwischen den verschiedenen Gegenden erheblich nachließen. Von der Keramik abgesehen, sind die archäologischen Zeugnisse in den folgenden zwei bis drei Jahrhunderten äußerst spärlich und unergiebig, obwohl auch dieser negative Befund bestimmte Schlüsse erlaubt. Die Bevölkerung war zurückgegangen und sehr viel ärmer als vorher, d. h. die höheren Stände waren verarmt, nicht der kleine Bauer und Handwerker. Die technische und künstlerische Minderwertigkeit der Funde ist unbestreitbar; Kostbarkeiten und vor allem größere palastartige, militärische oder kultische Bauten fehlen völlig. Die mykenische Gesellschaft hatte ihre führende Schicht verloren. Die Übriggebliebenen gingen mit den Neuankömmlingen[7] gemeinsam an den Aufbau einer neuen Gesellschaft. Gerade diese Vorgänge kann aber die Archäologie allein nur begrenzt aufklären. Daß es sich jedoch um eine völlig neuartige Gesellschaft handelte, zeigt sich später, als es in Griechenland wieder eine Schrift gab und wir von da an wieder etwas über Wirtschaft, über soziale und politische Verhältnisse in Erfahrung bringen.

Die ausschließlich materiellen Überreste, mit denen wir zu tun haben, sollten uns nicht über das tatsächliche Ausmaß des Umsturzes hinwegtäuschen. Ackerbau und Viehzucht gingen freilich weiter; es gab Töpfer und Werkzeugmacher, die im wesentlichen die alten Methoden anwandten, wenn man auch mehr und mehr zu dem neuen Metall Eisen überging, das jetzt zum ersten Mal zur Verfügung stand. Man fuhr fort, die Götter zu verehren und die vorgeschriebenen Rituale zu vollziehen, obwohl es hier vielleicht ebensoviel Kontinuität wie Veränderung gab. Aber die Gesellschaft war doch anders zusammengesetzt und entwickelte sich in eine ganz andere Richtung. Neue Werte wurden entdeckt. Die Bronzezeit war zu Ende gegangen.

Tafeln

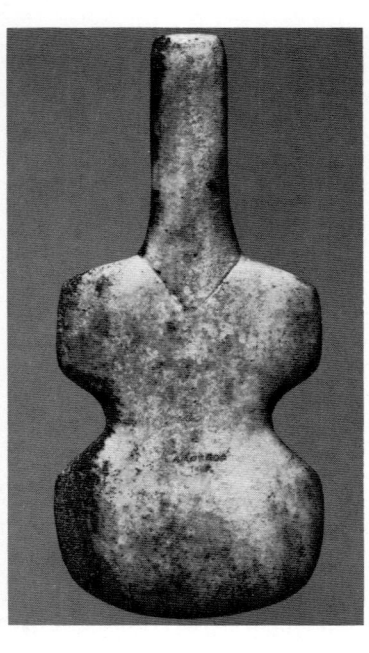

1. Kykladenidol von Amorgos. Marmor. Höhe
   32 cm. Frühes 3. Jahrtausend v. Chr.

2. Kykladen-‚Pfanne‘ von Syros: Schiffsdarstellung.
   Ton. Länge 28 cm. Mittleres 3. Jahrtausend v. Chr.

3. Miniaturschiff von Naxos. Blei. Länge 40,3 cm.
   Vor 2500 v. Chr. (?)

4. Kesseluntersatz aus Enkomi (?)/Zypern: Mann mit
   Bronzebarren. Bronze. Höhe 11 cm. Vor 1100
   v. Chr.

5. Statuette von Keos. Ton. Höhe 98,8 cm.
   15. Jh. v. Chr.
6. Siegelstein aus Praisos/Kreta (Gipsabdruck):
   Stierspringer. Gelber Achat. Durchmesser ca.
   2,5 cm.

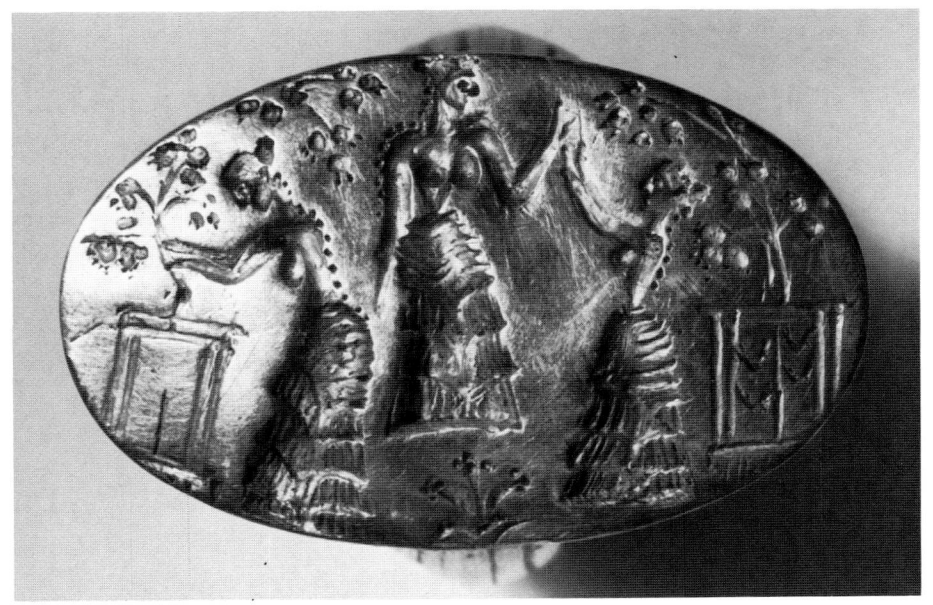

7. Siegelring von Kreta: Kultszene. Gold. Breite ca. 2,5 cm. 1450–1400 v. Chr.

8. Kamares-Keramik aus Phaistos/Kreta. Ton. Höhe 20,2 cm (links) und 11,8 cm (rechts). 19.–18. Jh. v. Chr.

9. Knossos, Thronraum im Palast. 15. Jh. v. Chr.

10. Sarkophag aus Hagia Triada/Kreta (eine der Langseiten): Opferszene. Kalkstein, Bemalung in Freskotechnik. Länge 1,37 m. Um 1400 v. Chr.

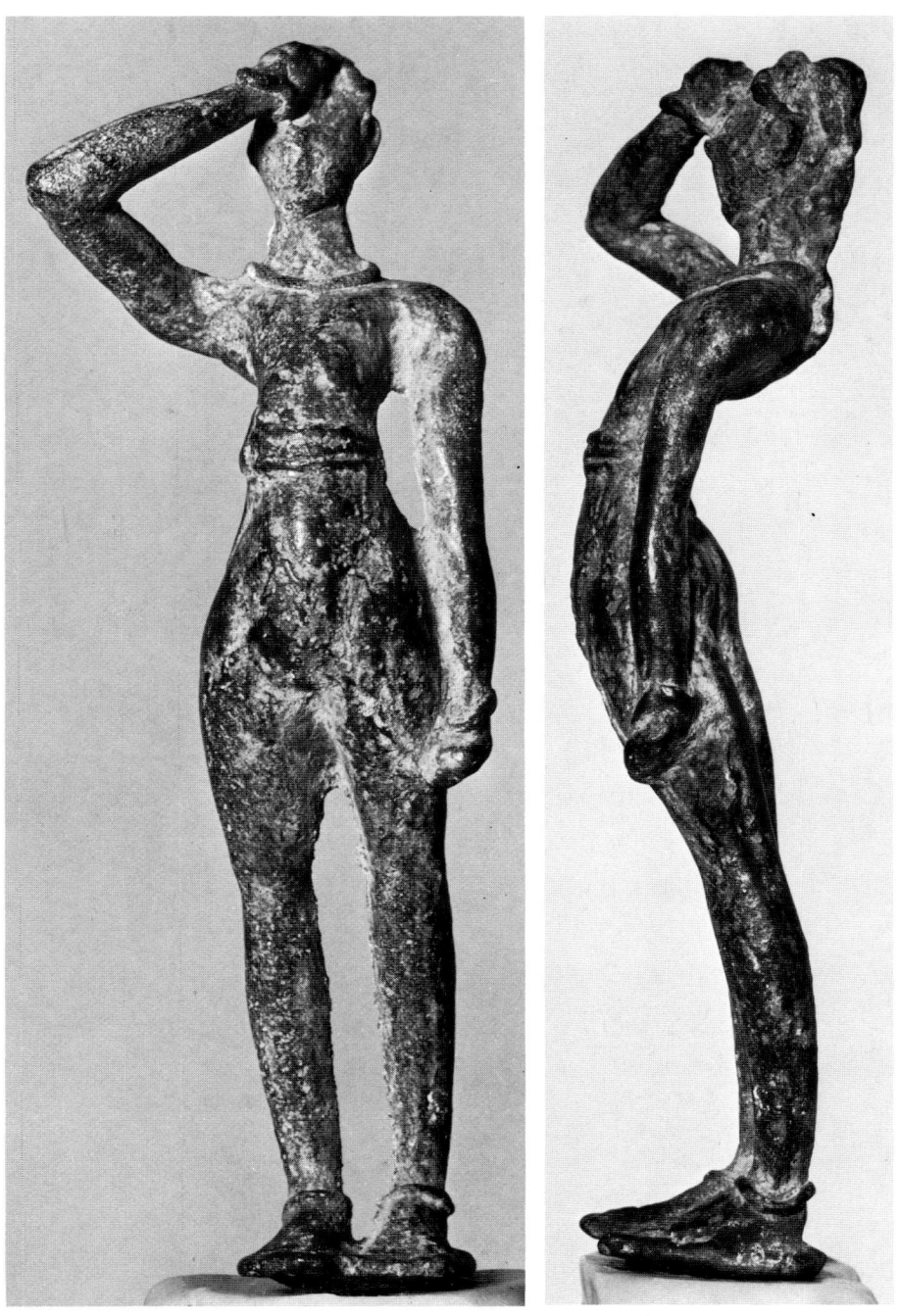

12 u. 13. Adorant aus Tylissos/Kreta. Bronze. Höhe 15,2 cm. Um 1500 . Chr.

—11. Schlangengöttin aus Knossos. Fayence. Höhe 29,5 cm. 17. Jh. v. Chr.

15. Stele von Schachtgrab V in Mykene: Wagenfahrt. Kalkstein. Höhe 1,33 m. 16. Jh. v. Chr.

14. Wandfresko aus dem Palast von Knossos: Gefäßträger. Höhe 1,75 m. 1500–1450 v. Chr.

16. Mykene, Schachtgräber-Rund A von Südosten. Durchmesser 28 m. 16. und 13. Jh. v. Chr.

17. Dolchklingen aus Schachtgrab IV in Mykene: Löwenjagd, Länge 23,8 cm (oben); springende Löwen, Länge 21,4 cm (unten). Bronze, mit Silber, Gold und Niello eingelegt. 1570–1550 v. Chr.

18. Becher aus Schachtgrab IV in Mykene. Elektron, mit Gold und Niello eingelegt. Höhe 15,5 cm. 1570–1550 v. Chr.

19. Statuette einer Göttin aus Mykene. Ton. Höhe 29 cm. Gegen 1300 v. Chr.

20. Mykene, ,Schatzhaus des Atreus' (Innenansicht). Eingangshöhe 5,40 m. 14. Jh. v. Chr.

21. Tiryns, Ansicht der Burg von Osten. 14.–13. Jh. v. Chr.

22. Siegelring aus Tiryns: Kultszene. Gold. Breite 5,6 cm. 14.–12. Jh. v. Chr.

23. Schlange aus Mykene. Ton. Durchmesser 28 cm. 13. Jh. v. Chr. (?)

24. Dreifußkessel aus Olympia. Bronze. Höhe 65 cm. 9. Jh. v. Chr.

25. Grab-Krater aus Athen: Leichenzug (oberer Figurenfries) und Wagenfahrer (unterer Figurenfries). Ton. Höhe 1,23 m. 750–735 v. Chr.

26. Rüstung aus Argos. Bronze. Höhe ca. 50 cm (Panzer) und 46 cm (Helm). Späteres 8. Jh. v. Chr.

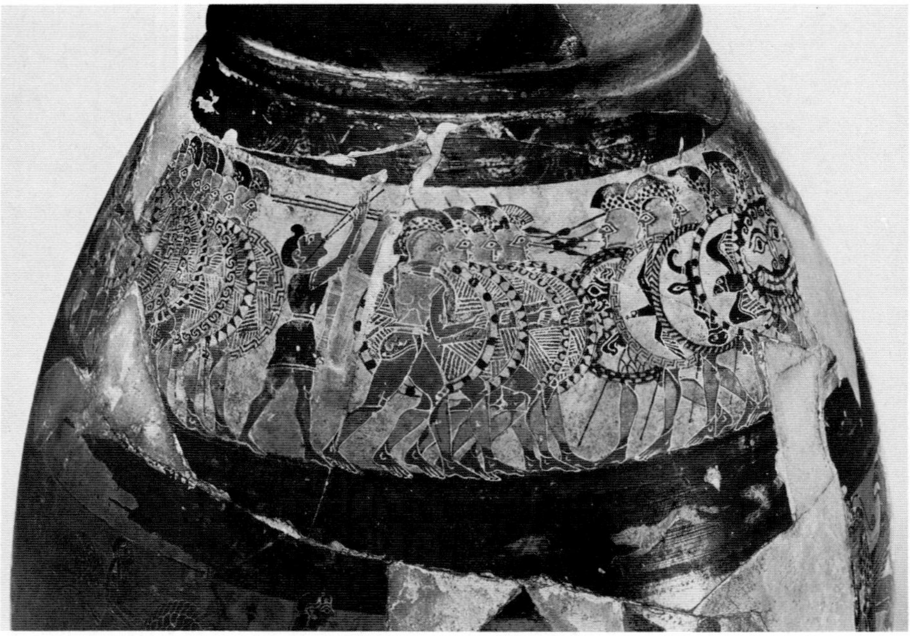

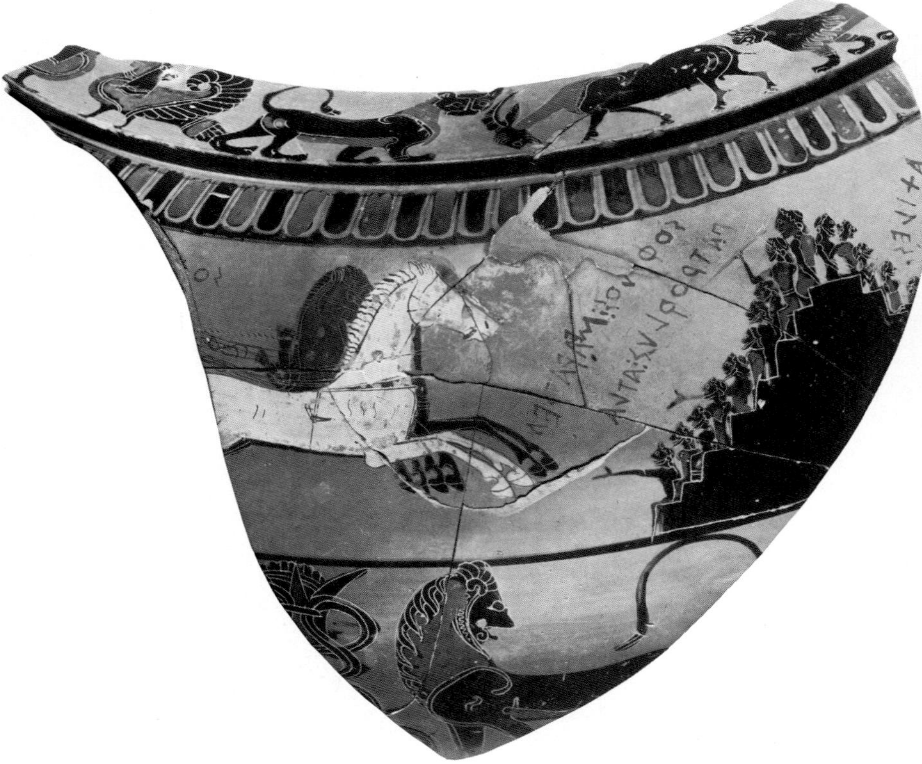

29. Tempel (?)-Modell aus dem Heraion von Argos. Ton. Höhe ca. 54 cm. Ende 8. Jh. v. Chr.

27. Korinthische Kanne (Detail): Krieger in Phalanx-Formation rücken gegeneinander vor. Ton. Frieshöhe 5,2 cm. Um 640 v. Chr.

28. Kessel-Fragment mit Signatur des Sophilos: Leichenspiele für Patroklos. Ton. Höhe 5,2 cm. 580–570 v. Chr.

30. Ägina, Aphaia-Tempel von Südosten. Länge 30,5 m. Um 500 v. Chr.

31. Kuros von Melos. Marmor. Höhe 2,14 m. Mitte 6. Jh. v. Chr.
32. Kore von der Athener Akropolis. Marmor. Höhe 1,20 m. Letztes Drittel 6. Jh. v. Chr.

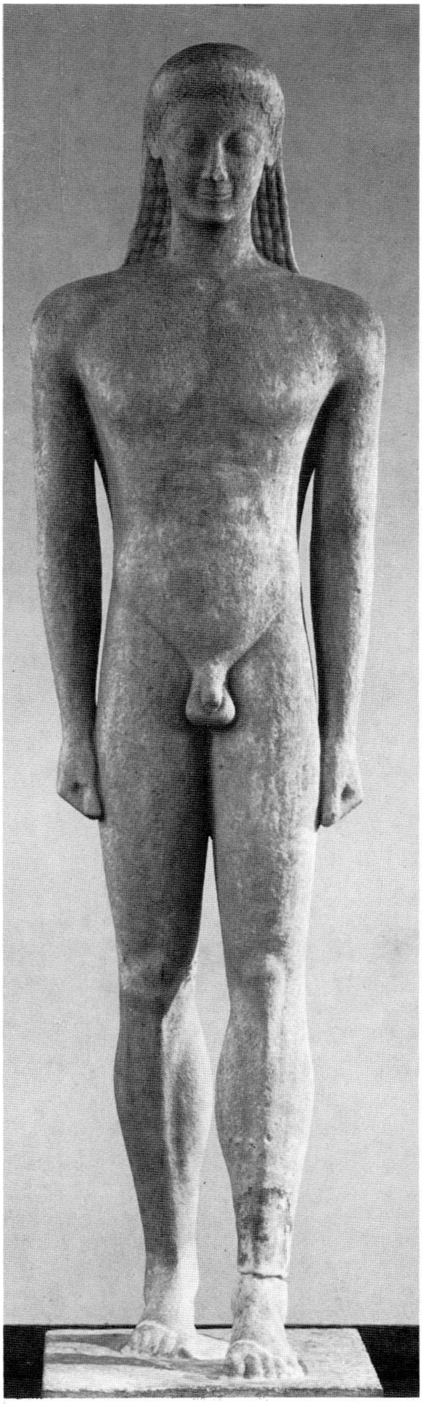
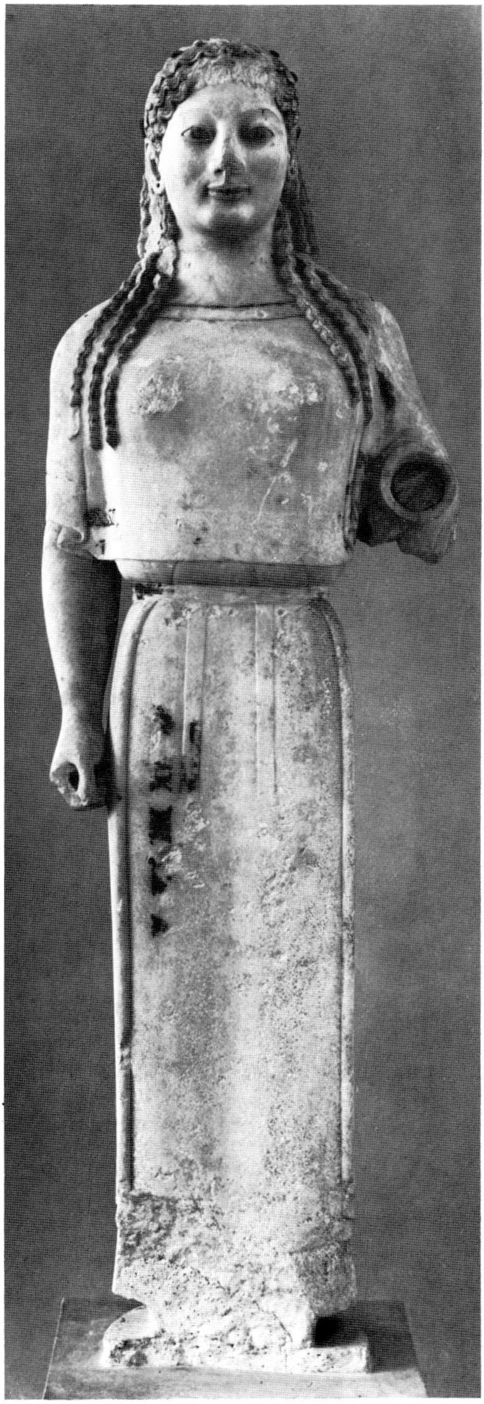

Zweiter Teil

Die archaische Zeit

7. Die ‚Dunklen Jahrhunderte‘

Wenn das Leben an einem Ort nicht völlig erloschen ist, wird es immer auf irgendeine Weise weitergehen. So gesehen, war die griechische Geschichte die Fortsetzung der bronzezeitlichen Vorgeschichte. Aber wer diese Binsenwahrheit zu sehr betont, übersieht das Wichtigste, das völlig Neuartige, das mit der neuen Gesellschaft entstehen sollte. Den Griechen der historischen Zeit war nichts von einem Umbruch überliefert, und sie hatten daher auch keine Ahnung von der andersartigen Kultur, die das Jahrtausend vor ihrer eigenen Zeit bestimmt hatte; trotzdem war ihnen vage und verschwommen bewußt, daß man in Griechenland und auf den Inseln früher einmal andere Sprachen gesprochen hatte. Ihr ‚heroisches Zeitalter‘, das sie aus den homerischen Epen und Mythenstoffen wie der Ödipussage kannten, war nur eine frühere Epoche der griechischen Geschichte. Deshalb sah man in Theseus sowohl den Bezwinger des Minotauros als auch den Einiger Attikas, beides zwar mythische Heldentaten, aber die eine eher der Bronzezeit zuzurechnen, die zweite schon der ganz anderen Welt der ‚Dunklen Jahrhunderte‘. Die moderne Archäologie hat eine vorgeschichtliche Welt erschlossen, von der sich die Griechen der historischen Zeit nichts hätten träumen lassen.

Die archäologischen Funde zeigen vor allem den Zusammenbruch und Verfall, der um 1200 eintrat, gefolgt von Armseligkeit und niedrigem Niveau in Kunsthandwerk und Technik. Dagegen kommt weniger deutlich – manchmal auch gar nicht – zum Ausdruck, daß die Jahrhunderte nach 1200 eigentlich vorausweisen und zwar nicht nur materiell, durch das Auftreten von Eisen als dem neuen und fortschrittlichsten Metall, sondern auch in sozialer, politischer und kultureller Hinsicht. Die Zukunft der Griechen lag nicht in bürokratischen, vom Palast aus beherrschten Staaten, sondern in der neuen Gesellschaft, die sich aus den verarmten Gemeinden entwickelte, die die große Katastrophe überlebt hatten. Wir können diesen Wachstumsprozeß, der sich schrittweise vollzog, nur gelegentlich durch archäologische

Zeugnisse oder spätere Überlieferungen verfolgen, und die schriftlichen Dokumente dieser Zeit aus Syrien, Mesopotamien und Ägypten
erwähnen die Griechen kein einziges Mal. In dieser Hinsicht sind *wir*
es also, die im Dunkeln tappen, und nur aus diesem Grund ist es berechtigt, den konventionellen Ausdruck ‚Dunkle Jahrhunderte‘ für
die lange Phase griechischer Geschichte zwischen 1200 und 800 zu
verwenden. Wie andere Zeitalter, die uns beschäftigen, muß auch sie
in Abschnitte unterteilt werden, zunächst um 1050, dann im Laufe des
9. Jahrhunderts.

Die regionalen Verschiedenheiten erschweren eine kurze Darstellung des archäologischen Erscheinungsbildes für die ‚Dunklen Jahrhunderte‘. Allerdings macht sich überall eine einförmige Stumpfheit
bemerkbar, von gelegentlichen eindrucksvollen Ausnahmefunden abgesehen. Man verzichtet auf Menschen- und Tierdarstellungen, es
gibt kein hohes Niveau und kaum noch steinerne Bauten; den kleinen
Gegenständen geht jede Feinheit ab, ebenso werden Gemmen nicht
mehr gearbeitet. Luxusartikel und alle nicht wirklich notwendigen Importwaren sind regelrecht verschwunden. Bernstein ist unbekannt, wie
wir schon sagten, und das bißchen Goldschmuck zeigt nur, daß Grab-
räuber am Werk gewesen waren oder daß man zufällig einen mykenischen Schatz entdeckt hatte. Selten hat ein Fundstück einen für uns er-
kennbaren religiösen Bezug, abgesehen natürlich von der Tatsache,
daß die Toten mit einigen Gebrauchsgegenständen bestattet wurden.
An Kriege oder Soldaten erinnert kaum etwas. Noch hundert oder
hundertfünfzig Jahre lang sieht alles mehr wie ‚mindere‘ mykenische
Arbeit aus. Besonders die Keramik bewahrt stilistisch und technisch
ihre Kontinuität, wenn sich auch Mykenisch III C und später ‚submy-
kenische‘ Ware von III-B-Erzeugnissen genügend abheben und über-
dies von Ort zu Ort verschieden ausfallen.

Erst im Verlauf des 11. Jahrhunderts sind zum ersten Mal echte
Neuheiten archäologisch nachgewiesen. Wir finden ‚protogeometrische‘ Keramik *(Textabb. 4 d)*, leicht an den mit dem Zirkel beschriebe-
nen Kreisen und Halbkreisen und wellenförmigen parallelen Pinsel-
strichen kenntlich. Für Experten ist sie als ein ‚Abkömmling‘ der mykenischen Keramik erkennbar, aber der neuartige Stil rechtfertigt die
neue Bezeichnung, im Gegensatz zur ‚submykenischen Ware‘. Werkzeuge, Waffen und auch kleine Geräte (wie z. B. lange Gewandnadeln

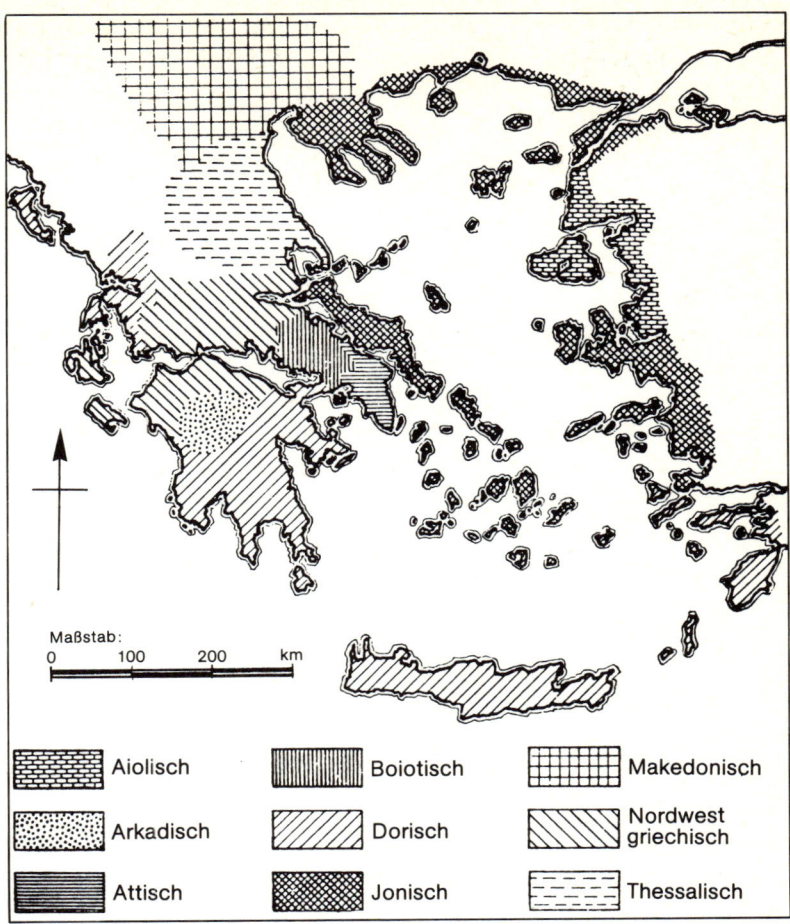

Karte 4. Griechische Dialekte um 400 v. Chr.

aus Metall, die nun die Knöpfe ersetzen, ein Zeichen von Veränderung der Tracht bei Mann und Frau) sind jetzt zunehmend aus Eisen
anstatt aus Bronze gefertigt. Bei Schneidewerkzeugen und Waffen,
auf die es eigentlich ankommt, hat sich die Umstellung verhältnismäßig plötzlich und total vollzogen, wie eine einfache Fundaufstellung
vom griechischen Festland (außer Makedonien) für die Zeit zwischen
1050 und 900 verdeutlicht:[1]

	Bronze	Eisen
Schwerter	1	mindestens 20
Speerspitzen	8	mindestens 30
Dolche	2	8
Messer	0	mindestens 15
Äxte	0	4

In den meisten Gegenden kommt es zu neuen Grabbauweisen und Bestattungsarten. In Athen, das reiches, zusammenhängendes Anschauungsmaterial bietet, hat sich die Ablösung der Körperbestattung durch Brandbestattung bis etwa 1050[2] durchgesetzt. Alle diese Wandlungen kündigten sich in mancher Hinsicht schon vorher an, so daß es falsch wäre zu behaupten, um 1050 sei in der gesamten ägäischen Welt eine plötzliche, einheitliche Veränderung eingetreten. Insgesamt zeigen jedoch die verschiedenen Befunde, daß zu diesem Zeitpunkt ein spürbarer Wandel stattgefunden hat.[3]

Gegen Ende des gleichen Jahrhunderts tritt ein Ereignis von noch weit größerer Bedeutung ein, nämlich die Gründung kleiner Gemeinden entlang der kleinasiatischen Küste und auf vorgelagerten Inseln durch ausgewanderte Griechen vom Mutterland. Schließlich wurde der ganze westliche Rand Kleinasiens griechisch und das ägäische Meer zum ersten Mal sozusagen eine ‚griechische‘ Wasserstraße. Diese östlichen Siedlungen bildeten von Norden nach Süden drei durch Dialekte – das Aiolische, Jonische und Dorische – zusammengefaßte Gruppen *(Karte 4)*. Diese Entwicklung erstreckte sich aber über 300 Jahre einer Geschichte, die reich an Verwicklungen war und für uns heute zum größten Teil verloren ist – Jahre der Kämpfe und Auseinandersetzungen untereinander und der vielschichtigen Beziehungen zu den früheren Bewohnern. Vermutlich gab es nur wenige Frauen unter den Auswanderern, besonders in der ersten Zeit. Über Milet berichtet Herodot (I 146), die Angesehensten unter den Siedlern aus Athen hätten keine Frauen dabeigehabt, ‚sondern heirateten karische Weiber, deren Angehörige sie erschlagen hatten. Deshalb verschworen sich diese Weiber und machten es auch ihren Töchtern zur Pflicht, niemals mit ihren Männern zusammen zu essen oder sie bei Namen zu rufen, weil sie ihre Väter, ihre Männer und ihre Kinder erschlagen‘. Wie Herodot auf diese Geschichte kam oder was er damit sagen wollte, ist nicht ganz klar; zu seiner Zeit waren jedoch Ehen mit Karern in seiner Heimatstadt Halikarnassos durchaus üblich. Wir wissen – was Herodot nicht wußte – auf Grund neuer, noch vorläufiger archäologischer Untersuchungen, daß es mehrere Wanderbewegungen einzelner Gruppen gegeben hat, daß die Siedlungen Neugründungen waren, nicht etwa eine Fortsetzung oder Wiederbelebung der bronzezeitlichen oder mykenischen Niederlassungen in Kleinasien, die schon früher besiedelt gewesen waren (auch wenn man an Orte wie Milet und Rhodos zurückkehrte), daß der erste Strom von Auswanderern Griechenland verlassen hatte, kurz nachdem sich die protogeometrische Keramik entwickelt hatte. Gerade deshalb, weil große Mengen protogeometrischer Scherben an etwa einem halben Dutzend Fundorten entdeckt wurden, konnten Archäologen die Auswanderungsbewegungen datieren und manchen kleinasiatischen Fundort mit bestimmten Gegenden Griechenlands in Verbindung bringen.[4] Die frühesten Siedlungen waren aiolische und jonische, wenig später, vielleicht nicht vor 900, gab es auch dorische.

Warum die einzelnen Auswanderergruppen die Ägäis gerade zu dem von ihnen gewählten Zeitpunkt überquerten, läßt sich nur vermuten, aber es ist ziemlich klar, warum sie gerade dieses Ziel wählten. Die Küste Kleinasiens besteht aus zahlreichen Vorgebirgen mit natürlichen Verteidigungsmöglichkeiten, dahinter liegen fruchtbare Flußtäler und Ebenen; zudem gab es im 11., 10. und 9. Jahrhundert dort keine etablierten Mächte oder Völkerscharen, die Neuankömmlinge daran gehindert hätten, sich anzusiedeln. Altsmyrna, so genannt zur Unterscheidung von der in der Nähe liegenden späteren Stadt Smyrna, dem heutigen Izmir, gibt uns einen Eindruck davon, wie diese frühen Gemeinden aussahen: klein, schäbig, eng und geduckt hinter ihren befestigten Stadtmauern liegend. Am Ende der ,Dunklen Jahrhunderte‘ hatte Altsmyrna, das seit seinen frühesten Anfängen doch vermutlich beträchtlich gewachsen war, innerhalb und außerhalb der Mauern nicht mehr als 500 kleine Häuser und vielleicht 2000 Einwohner.

,Dunkle Jahrhunderte‘ waren es auch im Hinblick auf die meisten einheimischen Volksstämme im westlichen Kleinasien, und wir besitzen kaum Anhaltspunkte für eine genauere Vorstellung von den Beziehungen zwischen ihnen und den griechischen Ankömmlingen.

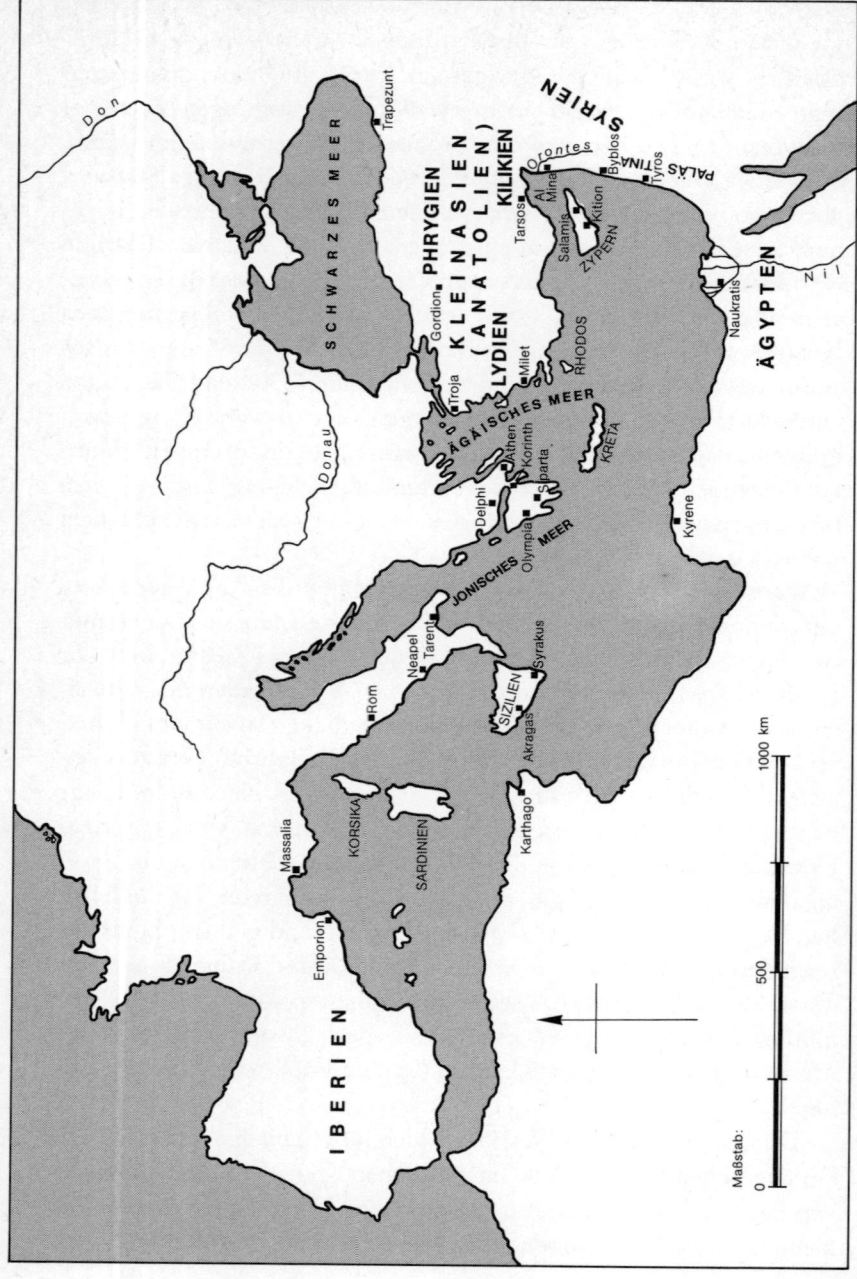

Man hat vermutet, daß die Griechen in der Lage waren, das Volk in ihrer unmittelbaren Nachbarschaft zu unterwerfen und als abhängige Arbeitskräfte einzusetzen. Das scheint einleuchtend – in historischer Zeit hatten die griechischen Einwanderer bestimmt in Kleinasien, an den Schwarzmeerküsten und im Westen so gehandelt –, aber es ist nicht mehr als eine Vermutung. Wir wissen nicht einmal, wer diese Einheimischen waren. Vermutlich saßen dort schon die geheimnisvollen Karer, die Lyder dagegen vielleicht noch nicht. Nur die Phryger waren bestimmt schon da, wie sich mittlerweile herausgestellt hat, sie lebten aber in dieser frühen Zeit zu weit entfernt, um noch als Nachbarn bezeichnet zu werden. Sie waren wahrscheinlich über die Dardanellen hinweg nach Kleinasien gelangt, um die Zeit der ersten griechischen Auswandererbewegung, hatten sich aber mehr ins Landesinnere gewendet *(Karte 5)*. Im 8. Jahrhundert v. Chr. war das über 300 km von der Mittelmeerküste entfernte, reiche und mächtige Gordion ihre wichtigste Niederlassung, die Kultur teilweise von den Hethitern übernommen, technisch und materiell entwickelter als die griechische. Für die Griechen war Phrygien das Reich des Midas, dem alles zu Gold wurde, was er berührte. Gordion wurde im frühen 7. Jahrhundert von den Kimmeriern zerstört, die aus der russischen Steppe jenseits des Kaukasus einfielen und Phrygiens goldenem Zeitalter ein Ende machten. Griechische Texte der klassischen Zeit erwähnen die Phryger dann hauptsächlich als Sklaven der Griechen, die z. B. in den athenischen Silberbergwerken beschäftigt waren.

Spätestens seit dem 8. Jahrhundert fallen Importe und künstlerischer Einfluß aus Phrygien nicht nur im griechischen Kleinasien, sondern auch in Griechenland selbst auf, und wir stellen enge Beziehungen zu den weiter im Osten gelegenen Kulturen fest. Archäologen haben offenbar Spuren der hethitischen ‚Königsstraße‘ quer durch Anatolien entdeckt, die die Phryger damals beherrschten. Das war aber nicht der Hauptverkehrsweg, auf welchem östlicher Einfluß in die griechische Welt des ‚Dunklen Zeitalters‘ gelangen konnte; diese Verbindung stellte vielmehr der Seeweg von Syrien dar, der über Zypern als wichtigstem Vermittler führte. Der Kontakt zwischen Griechenland und dem Nahen Osten war niemals ganz abgerissen, schon des-

Karte 5. Die griechische Welt in der archaischen Zeit

halb nicht, weil Griechenland auf jeden Fall das unentbehrliche Metall importieren mußte – Kupfer, Zinn und in zunehmendem Maße auch Eisen –, das damals zum allergrößten Teil aus dem Osten stammte.

Zypern wurde zwar von den ‚Seevölkern' verwüstet, aber der Kupferbergbau war deshalb sicher nie unterbrochen worden, und im 11. Jahrhundert hatte die Insel Bedeutung wegen der wichtigen Eisengewinnung, deren Auswirkung an der Bewaffnung auf dem griechischen Festland zu sehen ist. Bezeichnenderweise entstanden die zyprischen Hauptorte von nun an im Osten und Südosten, so nahe wie möglich der syrischen Küste. Das alte Enkomi wurde durch das in der Nähe gelegene Salamis ersetzt, das ursprünglich vielleicht eine griechische Gründung aus der Zeit um 1100 gewesen war, und im 10. Jahrhundert machten die Phöniker dort Kition zu ihrer Hauptstadt *(Karte 5)*. In den folgenden Jahrhunderten haben alle Reiche des Nahen Ostens der Reihe nach Zypern erobert – zuerst die Assyrer, dann die Ägypter und zuletzt die Perser – freilich ohne ihren Einfluß immer halten zu können. Das Ergebnis war eine hybride Kultur, die sich schwer einordnen läßt. Obwohl die Mehrzahl der Bevölkerung Griechisch sprach, war außerdem ein noch nicht identifiziertes vorgriechisches Idiom ebenso wie das Phönikische im Gebrauch, das in Zypern zum ersten Mal um 900 auf einem Fluchtäfelchen belegt ist. Mehr als nach Griechenland orientierte sich die Kunst nach der Levante hin, wie die neuerdings entdeckten ‚Königsgräber' von Salamis aus dem 8. und 7. Jahrhundert beweisen.[5] Um diese Zeit war in der griechischen Welt das Königtum verschwunden, aber in Zypern erhielt es sich, solange die Insel noch einen Schein von Unabhängigkeit bewahren konnte.

Daß Zypern in den ‚Dunklen Jahrhunderten' den anatolischen Griechen überlegen war, lag wohl an seinen engen Beziehungen (und seiner vielleicht beherrschenden Stellung) zum Osten. Kurz vor dem letzten Krieg wurde bei Ausgrabungen ein antiker Hafen in der Nähe von Al Mina im nordsyrischen Orontesdelta entdeckt – heute innerhalb der türkischen Grenzen –, und damit einer der wichtigen Verbindungspunkte auf dem asiatischen Festland freigelegt. In Al Mina geht zyprische und lokale Keramik mindestens bis ins 9. Jahrhundert zurück. Um 800 taucht griechische Töpferware auf und ist von nun an immer reichlicher vertreten, auch nachdem die Assyrer die Gegend im späten 8. Jahrhundert erobert hatten. Die früheste griechische Ware kam nicht etwa aus Kleinasien, sondern aus Euboia und von den Kykladen, später aus Korinth und anderen Orten. Die Zeugnisse verschweigen, welche Güter dafür eingehandelt wurden, aber es wird mit ziemlicher Sicherheit wohl wieder Metall gewesen sein, das für die Griechen von größter Wichtigkeit war. Die reichen griechischen Keramikfunde lassen vermuten, daß hier Griechen an Ort und Stelle saßen – obwohl betont werden muß, daß es sich hier nur um eine Handelsniederlassung, nicht um eine ständige Auswanderersiedlung wie in Kleinasien handelte –; es ist aber sicher von Bedeutung, daß der Handel in den homerischen Epen geradezu als Monopol der ‚Phöniker‘ gilt und daß Homer, im 5. Jahrhundert auch Herodot, unter ‚Phönikien‘ die ganze Gegend von der syrisch-kilikischen Grenze bis Ägypten verstanden.

Da in Al Mina keine Schrift gefunden wurde, ist sein antiker Name unbekannt. Es könnte aber der Ort Poseidion sein, der nach Herodot (III 91) damals die Nordgrenze einer der persischen Provinzen oder Satrapien bildete. Über die Geschichte Poseidions hören wir von Herodot nur, daß es von Amphilochos, einem der sagenhaften griechischen Helden, gegründet wurde. Als die Ostgriechen schließlich – nicht vor dem 5. Jahrhundert – mit ihrer Geschichtsschreibung begannen, haben sie die Frühzeit überhaupt kaum anders als durch Gründungssagen dargestellt, die sich um bestimmte Personen rankten oder haben sie als einzelne Ereignisse, meist kriegerische Auseinandersetzungen, geschildert. Aus der Zeit vor dem 6. Jahrhundert wußten sie nichts zu berichten und hatten auch kein Interesse an einer zusammenhängenden Darstellung der Geschichte ihrer Gesellschaft und Institutionen. Das von ihnen überlieferte Geschichtsbild ist ein schematischer, sentimentaler Rückblick in die Vergangenheit, geprägt von den Wertvorstellungen und Ansprüchen einer späteren Zeit und für die damalige Gegenwart eine ‚mythische Gründungsurkunde‘. Herodot selbst war unsicher. Nach seiner Darstellung (III 122) war Polykrates von Samos der erste Grieche, der ein Seereich anstrebte, ‚außer Minos und anderen‘, aber er sei der erste ‚in der Zeit der Menschen‘ gewesen. Heute würden wir sagen, daß er im Gegensatz zum mythischen Zeitalter der erste Herrscher in geschichtlicher Zeit war.

Der archäologische Befund, unsere einzige Kontrollmöglichkeit,

kann natürlich mit solchen Gründungsgeschichten und besonderen
Ereignissen nicht zurechtkommen. Und doch hat die Archäologie ergeben, daß ein wichtiger Teil der Überlieferung zur jonischen Kolonisation falsch sein muß; sie galt als einmaliger Vorgang, der von Athen
aus organisiert wurde und auch von dort seinen Ausgang genommen
hatte, wo sich zahlreiche Menschen aufhielten, die vor den Doriern
geflohen waren, darunter Leute aus Pylos unter König Neleus. Sicher
hat Athen bei manchen jonischen Siedlungen eine Rolle gespielt, aber
alles übrige ist falsch. Die griechischen Geschichtsschreiber, die diese
Begebenheiten mehr als 500 Jahre später darstellten, hatten keine Ahnung vom großen Zusammenbruch um 1200 v.Chr., keine Vorstellung von der Bronzezeit und deswegen auch keinen Begriff davon,
über welchen beträchtlichen Zeitraum sich die ‚Dunklen Jahrhunderte‘ erstreckten. Sie wußten nicht und konnten gar nicht wissen, daß
zwischen der Zerstörung von Pylos, die nicht das Werk der ‚Dorier‘
war, und der ersten Auswandererwelle über die Ägäis eine Zeitspanne
von vielleicht 150 Jahren klaffte, für pylische Flüchtlinge zu lang, um
in Athen zu warten (und eigentlich ohnehin unwahrscheinlich). Daß
es eine einmalige Kolonisierungsexpedition gegeben hätte, ist also
bloße Fiktion, während man die große Bedeutung Athens für die Entwicklung und Verbreitung der protogeometrischen Keramik, die eine
Tatsache war, vollständig vergessen hatte. Man muß sogar bezweifeln, daß die Griechen in späterer Zeit diese Keramik überhaupt als
ihre eigene erkannt hätten.

Es hat keinen Zweck, der späteren griechischen Überlieferung zu
den ‚Dunklen Jahrhunderten‘ in Kleinasien in allen Einzelheiten
nachzugehen. Auch für Griechenland selbst ist die Aussicht nicht besser, denn dort ist die Überlieferung bis 800 oder 750 v.Chr. von der
gleichen Art und Qualität. Statt dessen wollen wir uns die frühesten
Schriftzeugnisse vornehmen, die homerische *Ilias* und die *Odyssee*,
zwei epische Gedichte von etwa 16000 bzw. 12000 Zeilen. Was sollen
wir von ihrer Bedeutung als historische Quelle halten? Wohl kaum
eine andere Frage zum frühen Griechentum hat je lebhaftere Diskus-
sionen und weniger übereinstimmende Urteile hervorgerufen, und wir
können hier nur unsere eigene Meinung wiedergeben.[6]

Die beiden Epen wurden in Jonien von zwei verschiedenen Dichtern der gleichen Tradition zusammengestellt, die *Ilias* vielleicht um

die Mitte des 8. Jahrhunderts, die *Odyssee* nur wenig später. Hier kul-
minierte die lange Erfahrung, die weit in der griechischen Welt um-
herziehende professionelle Sänger mit der mündlichen Überlieferung
der Dichtkunst gemacht hatten. Im Verlauf von Generationen verbanden sie Ereignisse und lokale Traditionen, die sich an verschiedene
große heroische Themen knüpften, benutzten eine hochstilisierte, for-
malisierte, dichterische Kunstsprache im ursprünglich jonischen Dialekt, der aber aiolische und andere Elemente enthielt. Sicher gab es
auch in mykenischer Zeit schon Sänger, aber die homerischen Epen
entstammen einer Tradition, die auf jeden Fall den ›Dunklen Jahrhunderten‹ verhaftet ist und an sich schon zeigt, daß wir diese Epoche zu
Unrecht nur nach ihrer *materiellen* Verarmung beurteilen. Diese
Überlieferung konzentrierte sich ganz absichtlich auf ein *verlorenes*
heroisches Zeitalter und es glückte den Dichtern, Aspekte ihrer eigenen Zeit auszuschließen. *Ilias* und *Odyssee* zeigen, daß man ziemlich
gut, wenn auch nicht ganz genau darüber Bescheid wußte, wo die
wichtigsten mykenischen Zentren gelegen hatten; es fehlt jeder Hinweis darauf, daß Kleinasien nun einigermaßen dicht von Griechen besiedelt war; die Dorier werden nicht erwähnt; nirgends wird nach
Sprache und Institution innerhalb der griechischen Welt differenziert,
mit Ausnahme der Machtunterschiede. Wir hören von den großen Palästen der Helden, die von ›Schätzen‹ überquellen *(keimelion)*. Nachdem sich Agamemnon schließlich dazu bewegen ließ, den Zorn des
Achill zu besänftigen, gehörten zu den Geschenken (außer sieben
Städten und einer heiratsfähigen Tochter mit reicher Mitgift) Rennpferde, gefangene Frauen, ›sieben Dreifüße, noch unberührt von dem
Feuer, zehn Talente Gold und zwanzig funkelnde Becken‹, eine
Schiffsladung Bronze und Gold aus der zu erwartenden trojanischen
Beute (Ilias IX 121–156). Solche Schätze besaß das ›Dunkle Zeitalter‹
nicht. Damals durfte selbst Kriegern nur ein Schwert oder eine Lan-
zenspitze mit ins Grab gegeben werden, selten beides zusammen; in
späterer Zeit fanden sich in der Tat immer weniger Waffen in den Gräbern.

Soweit könnte man nun annehmen, daß die Sänger von Generation
zu Generation bis ins 8. Jahrhundert ein erkennbares Abbild der spät-
mykenischen Welt überliefert hätten. Bei näherem Hinsehen stellt sich
jedoch heraus, daß es sich bei den von ihnen geschilderten Palästen –

was Bauweise und Einzelheiten betrifft – weder um mykenische noch überhaupt um uns bekannte Paläste handelt, daß die Sänger keine genaue Kenntnis der Verwendung von Streitwagen im Krieg besitzen, daß die Gesellschaftsordnung der Epen anders beschaffen ist als die der Linear-B-Täfelchen (besonders im Hinblick auf die Palastwirtschaft, die aus den Täfelchen deutlich wird), ja, daß sich selbst die Terminologie für Verwaltung und Sozialgefüge völlig verändert hat. Sogar die ‚realistische‘ Aufzählung der Schätze verrät mindestens *einen* schweren Anachronismus. Mitgift, Rennpferde und gefangene Frauen aus Agamemnons Wiedergutmachungsgabe sind zeitlos oder doch zeitlich nicht einzuordnen, nicht aber die bronzenen ‚Dreifüße‘ und ‚funkelnden Becken‘. Solche Dinge gab es zwar in der mykenischen Welt, aber nur sehr selten, während sie für die ‚Dunklen Jahrhunderte‘ besondere Kostbarkeiten waren, die man vor allem den Göttern weihte, gerade gegen Ende des Zeitalters, als die *Ilias* und die *Odyssee* entstanden. Viele Fragmente und ein paar erhaltene Stücke stammen aus Olympia *(Abb. 24)* und Delphi, einige aus Delos, Kreta und Ithaka und vereinzelte Beispiele von anderen Orten.

Auch bei den religiösen Sitten sind deutliche Abweichungen festzustellen. Die mykenische Welt hatte ihre Toten begraben, in den homerischen Epen werden sie ohne Ausnahme feuerbestattet. Hier müssen wir wiederum auf Unterschiede innerhalb der ‚Dunklen Jahrhunderte‘ hinweisen. Bis etwa 1050 hatte sich die Feuerbestattung für Erwachsene fast überall in der griechischen Welt, mit der eigenartigen Ausnahme der Argolis, durchgesetzt, 200 oder 250 Jahre später kam jedoch auf dem Festland aufs neue die Erdbestattung auf, während Kreta, die Kykladen, Rhodos und Jonien weiterhin an der Feuerbestattung festhielten. Die *Ilias* und die *Odyssee* bleiben in diesem Punkt der Frühzeit der ‚Dunklen Jahrhunderte‘ verhaftet, obgleich die Sitten und Gebräuche bei Trauerfeiern durch spätere Gräber der ‚Dunklen Jahrhunderte‘ und durch bildliche Szenen auf ‚geometrischer‘ Keramik um 800 verdeutlicht werden *(Abb. 25)*. Damals gab es in der griechischen Kunst zum ersten Mal seit der mykenischen Zeit wieder Tier- und Menschendarstellungen, das Götterbild war von diesem Wiederaufleben jedoch noch nicht betroffen. Es gab keine Göttererscheinungen, kultische Tänze oder Initiationsszenen, und man könnte auch bei weitester Interpretation in nur wenigen Plastiken oder Vasenbildern überhaupt Göttergestalten vermuten. Daß der anthropomorphe Impuls, der doch die homerischen Epen beherrscht, zu dieser Zeit in der Bildenden Kunst so selten ist, überrascht besonders angesichts der zahllosen Idealbilder von Zeus, Apollon und Aphrodite in der späteren griechischen Kunst.

Kurzum, die homerischen Epen enthalten eine Reihe mykenischer ‚Realien‘ – Ortsnamen, Waffen und Streitwagen –, aber wenig über mykenische Einrichtungen und Zivilisation. Der Umbruch war zu abrupt gewesen. Nachdem die Kultur der Zeit vor 1200 Vergangenheit geworden war, mußten die Sänger Verhalten und soziales Milieu ihrer Helden ‚modernisieren‘. Aber im ganzen zeigt sich anhand der Lektüre der *Ilias* und der *Odyssee* die innere Übereinstimmung bei der Entstehung sozialer Institutionen, trotz aller Anachronismen zu Beginn und Ende der Epoche. Wir könnten sagen, hier wurde im allgemeinen ein Bild der ‚Dunklen Jahrhunderte‘ und zwar der ersten Hälfte gezeichnet, von einem Dichter, nicht von einem Historiker oder Chronisten, nicht immer exakt oder fehlerlos und gewiß manchmal übertrieben, aber doch keine bloße Erfindung.

Die Welt des Agamemnon, Achill und Odysseus war eine Welt der kleinen Könige und Edelleute, denen das beste Land und die größten Herden gehörten und die das Leben von Grundherren mit häufigen Beutezügen und lokalen Konflikten führten. Der Fürstenhof *(Oikos)* war das Zentrum der Aktivität und Macht. Wie groß diese Macht war, hing von Reichtum und persönlicher Tapferkeit, ehelichen und anderen Bündnissen und von den Gefolgsleuten ab. Der Stamm oder die weitere Sippschaft sind ohne Bedeutung. In den zwanzig Jahren während Odysseus’ Abwesenheit von Ithaka spielten die Adligen seiner Familie und seinem Besitz in skandalöser Weise mit, aber weder sein Sohn Telemach hatte eine Schar von Angehörigen, die er um Hilfe bitten konnte, noch war die Gesellschaft entsprechend zusammengewachsen, organisiert und ausgerüstet, um einzuschreiten. Telemachs Ansprüche als Odysseus’ Erbe wurden grundsätzlich anerkannt, aber es fehlte ihm die Macht, sie durchzusetzen. Der Mord an Agamemnon durch seine Gattin Klytaimnestra und ihren Liebhaber Aigisth verpflichtete den Sohn Orest zur Rache, doch im übrigen ging das Leben in Mykene unverändert weiter, mit der Ausnahme, daß Aigisth nun an Agamemnons Stelle regierte. Der König, der die Macht hatte, war zugleich Richter, Gesetzgeber und Befehlshaber; es gab Zeremonien, Rituale und Abkommen, auf die man sich geeinigt hatte, und einen Ehrenkodex, nach dem sich die Edelleute richteten, der die gastliche Tafelrunde, den Austausch von Geschenken, die Opfergabe an die Götter und den angemessenen Vollzug der Bestattungsbräuche mit einschloß. Aber es gab keinen bürokratischen Apparat, kein formelles Gesetzessystem oder keinen verfassungsmäßigen Apparat. Das Gleichgewicht der Kräfte war verletzlich, so daß es ständig zu Spannungen zwischen König und Edelleuten und häufig zu Machtkämpfen kam.

Telemach hatte zwar in Ithaka die Volksversammlung einberufen, um seine Klage gegen die adligen ‚Freier‘ vorzubringen. Die Volksversammlung hörte sich beide Seiten an, ohne Schritte zu unternehmen – so wird übrigens in den beiden Epen ihr Verhalten immer beschrieben. Überhaupt ist der Umstand, daß das Volk schweigt, für den Historiker das größte provozierende Problem in den Epen. Das Volk ist stets präsent, sogar in den Schlachten, aber nur als undeutlich umrissene Masse, deren eigentlicher Status unklar ist. Manche – hauptsächlich gefangene Frauen – werden als Sklaven bezeichnet, es scheint ihnen aber nicht schlechter als anderen zu gehen. Einige ‚Fachkräfte‘ – Seher, Sänger, Metall- oder Holzarbeiter und Ärzte – nehmen einen höheren Rang ein. Man fährt zur See und hat ein starkes Interesse am Handel, genauer gesagt am Import von Kupfer, Eisen, Gold und Silber, feinen Tuchen und anderen Luxusgütern. Selbst Fürsten dürfen wegen solcher Vorhaben Expeditionszüge unternehmen, aber im allgemeinen ist das Handeln und Verkaufen die Aufgabe von Ausländern, besonders Phönikern. Als Kaufmann bezeichnet zu werden, war für Odysseus eine schwere Beleidigung, denn Männer seines Standes tauschten Waren auf zeremoniellem Wege oder verschafften sie sich auf Beutezügen. Daß wir vom niederen Volk nur Unbestimmtes wissen, liegt zum Teil vielleicht an der absichtlichen Beschränkung des Dichters auf die großen Taten seiner Helden. Zudem könnte es aber durchaus auch in der Realität noch keine scharfen Standesunterschiede wie in späteren Gesellschaften gegeben haben, insbesondere keine klar getrennten Kategorien von ‚Freiheit‘ und ‚Unfreiheit‘. Die grundlegende Trennungslinie zwischen Adligen und Nichtadligen wird deutlich, die feineren Unterschiede ober- und unterhalb dieser Grenze scheinen verschwommen und waren es möglicherweise auch tatsächlich.

Was wir bisher wissen, ist natürlich nicht als Grundlage einer *Geschichte* der ‚Dunklen Jahrhunderte‘ zu bezeichnen. Man kann lediglich sagen, daß sich die Gesellschaft nach der Beseitigung der mykenischen Herrscher und der von ihnen gelenkten Machtstrukturen neu formieren mußte und man neue Anordnungen und Wertvorstellungen brauchte, die der veränderten materiellen und gesellschaftlichen Situation gerecht wurden; in ihr waren Auswanderer vermutlich ein Faktor, den man zu berücksichtigen hatte. Sollte die Zerstörung der mykenischen Welt auch innere gesellschaftliche Umwälzungen hervorgerufen haben, was möglich, aber nicht zu beweisen ist, wäre auch die neue Ordnung davon betroffen gewesen.

In den unmittelbar folgenden Jahrhunderten kann die Entwicklung nicht überall gleichartig verlaufen sein, trotz des einheitlichen Bildes, das uns die homerischen Epen überliefern. In Kleinasien hatte es sich (wie auch während aller späteren griechischen Auswanderungen in neue Gebiete) bei den griechischen Niederlassungen um kleine Landeinheiten gehandelt, die sich um einen Stadtkern gruppierten. Die Archäologie läßt die Schlußfolgerung zu, daß ähnliche Anlagen auch auf manchen ägäischen Inseln bestanden und sich allmählich auch auf dem griechischen Festland entwickelten. Die Dichter setzen voraus, daß sie die Regel waren, obwohl es im Griechenland ihrer Zeit und noch weitere Jahrhunderte lang große Bereiche gab, etwa Thessalien und Aitolien, die überhaupt kein urbanes Zentrum besaßen und nur lose zusammengefaßte Agrar- und Hirtengesellschaften kannten. Allgemein üblich hingegen war das Ständesystem, das die Dichter erwähnen, mit einer aristokratischen Oberschicht und einem König oder Anführer, der etwas mehr als der ‚Erste unter Gleichen‘ war. Wieviel mehr (oder weniger), hing in jedem Fall von der Persönlichkeit ab, und wie wir aus anderen Anhaltspunkten wissen, hatten zu der Zeit, als die *Ilias* und die *Odyssee* entstanden, die ‚Gleichen‘ den König schon fast überall abgeschafft und die Monarchie durch die Aristokratie ersetzt. Auch das niedere Volk (wen auch immer man zum ‚Volk‘, dem *demos,* rechnen will) existierte auf ganz vage Weise schon als korporatives Ganzes, nicht jedoch als politische Macht in irgendeinem verfassungsmäßigen Sinn.

Obwohl sich die Dichter bewußt waren, daß es Gemeinsamkeiten
wie Sprache, Religion und Lebensart gab, die alle Griechen miteinander verbanden (dagegen weder damals noch später eine politische Bindung oder eine Abneigung, untereinander Kriege zu führen), taucht in
der *Ilias* und der *Odyssee* seltsamerweise nie der Name ‚Hellenen‘ auf,
wie sich die Griechen mindestens vom 8. Jahrhundert an bis heute nennen. Hellas ist, wohlgemerkt, ihre ‚Welt‘, aber im Altertum nicht ihr
‚Land‘, da sie ja nie eine politische Einheit waren; ‚Hellas‘ war also
eine Abstraktion, ähnlich wie im Mittelalter das Wort ‚Christenheit‘
oder heute ‚Islam‘. Die Griechen kommen in den homerischen Epen
unter drei verschiedenen Namen vor, als Achaier, Argiver und Da-
naer, von denen die beiden ersten noch heute fortleben als Namen spe-
zieller griechischer Landschaften *(Karte 6)*, während der dritte unter-
gegangen ist. Es steht aber fest, daß die Bezeichnungen Hellas und
Hellene schon im 8. Jahrhundert verwendet wurden, und vielleicht
auch schon die Genealogien dazu, die zur Erklärung der historischen
Aufspaltungen nach Dialekt, ‚Geschlecht‘ und politischer Struktur
zwangsläufig erfunden wurden: Hellen, der Sohn des Deukalion, hatte drei Söhne namens Doros, Xuthos (Vater des Jon) und Aiolos usw.
Es gab im 8. Jahrhundert auch noch unentwickelte panhellenische Institutionen, besonders gewisse Orakelstätten und die Olympischen
Spiele.

Zu guter Letzt kehrt im 8. Jahrhundert auch die Schrift nach Griechenland zurück, in Form eines von den Phönikern entlehnten, modi-
fizierten Alphabets *(Textabb. 2)*. Die griechische Überlieferung hat
dieses Ereignis richtig tradiert, aber ohne den Zeitpunkt zu kennen.
Den Ursprung dürfen wir in der nordsemitischen Schrift sehen, vor allem in der für den Geschäftsverkehr benutzten Kursivschrift, nicht in
den monumentalen Schriftzeichen, wie wir sie etwa aus Byblos kennen. Vielleicht war Al Mina der Ort für Vermittlung und Verbreitung
– aber das ist eine bloße Vermutung –, und die ersten, die diese Schrift
entlehnten, mehr oder weniger unabhängig voneinander, sind vielleicht Leute aus Euboia, Kreta und Rhodos gewesen; von ihnen aus
gelangte dann die neue Kunst auf komplizierten Wegen zu allen griechischen Gemeinden. Wir wissen nicht recht, warum man sich gerade
damals, wahrscheinlich vor 750, das Alphabet aneignete und auch
nicht, wieso es sich so schnell verbreitete. Es sollte aber noch lange Zeit

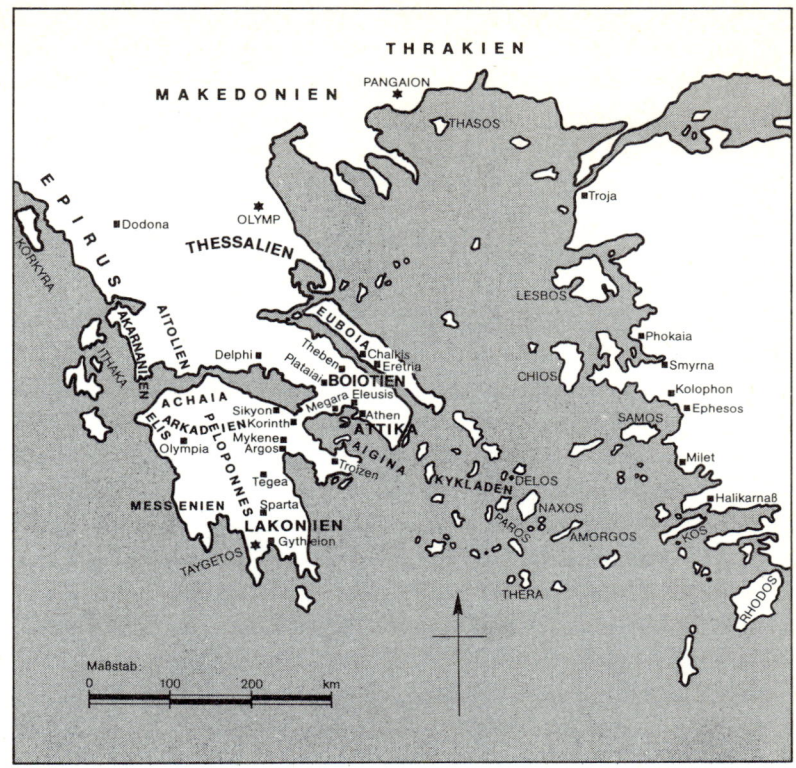

Karte 6. Das archaische Griechenland
und die Küste Kleinasiens

vergehen, bevor die Griechen von der neuen Fertigkeit auch ernsthaf-
ten Gebrauch machten, für Chroniken und religiöse Texte, für die
man die Schrift im Alten Orient hauptsächlich benutzte. Die Griechen
haben anfangs offenbar nur Dichtungen aufgeschrieben und sonst die
Schrift zum ‚Beschriften‘ benutzt, d. h. sie haben Namen auf Keramik,
Grabstelen und dergleichen angebracht und zum anderen Namensli-
sten von Männern angelegt, die öffentliche Beachtung und Erinne-
rung verdienten, wie z. B. Olympische Sieger.

Im ganzen orientieren sich also die homerischen Epen mehr nach
den ‚Dunklen Jahrhunderten‘ hin und sogar noch ein Stück darüber
hinaus, aber sie entstanden zu einem Zeitpunkt, als eine neue Epoche

anbrach. Dieser nächste Zeitabschnitt von etwa 800 bis 500 v. Chr. wird allgemein als ‚archaische Zeit' bezeichnet, ein Ausdruck, der aus der Kunstgeschichte stammt, genauer aus der Geschichte der Plastik, ebenso wie der Begriff ‚Klassik', den man für das Zeitalter danach gebraucht. In den abschließenden Kapiteln wollen wir uns nun mit dem archaischen Griechenland beschäftigen.

8. Staat und Gesellschaft in der archaischen Zeit

Zwei Phänomene bestimmen das archaische Zeitalter, die Entstehung und allmähliche Entwicklung der *polis* als der charakteristischen griechischen Gesellschaftsform – gewöhnlich und nicht ganz passend mit ‚Stadtstaat‘ übersetzt –, und die enorme Verbreitung des Griechentums im Laufe zweier Jahrhunderte vom Südostrand des Schwarzen Meeres bis fast zum Atlantik *(Karte 5)*.

Wir haben schon erwähnt, daß der Staat als politischer Organismus in den ‚Dunklen Jahrhunderten‘ nur ein Schattendasein geführt hatte. Wie dieser Schatten Gestalt gewann, ist ein Prozeß, den wir nicht verfolgen können, dessen Grundlage aber die Schöpfung von Einrichtungen war, die auch den Mächtigsten gesetzmäßigen Organen und Rechtsgrundsätzen unterwarfen. Eine keineswegs leichte Aufgabe. Die Spannungen zwischen Staatsorganen und machtbesessenen, ehrgeizigen Persönlichkeiten bildeten in archaischer und klassischer Zeit einen ständigen Störfaktor innerhalb der griechischen Gesellschaft. Ein erster Schritt war die Ausschaltung des Königtums,[1] eine Maßnahme, die seltsamerweise in der griechischen Sage und Überlieferung unerwähnt bleibt. Der Kontrast zur römischen Frühgeschichte könnte in dieser Beziehung nicht größer sein. Die Römer haben die Reihe ihrer Königsherrschaften, die mit der Vertreibung des letzten Königs, Tarquinius Superbus, im Jahre 509 endete,[2] mit der Zeit in allen Einzelheiten dargestellt. Die Beseitigung des Königtums ist die Geschichte einer Auflehnung gegen die Etruskerherrschaft, und daraus erklärt sich ihre Beliebtheit und die Beharrlichkeit, mit der sie sich in der römischen Überlieferung behauptete. Dieser Anreiz fehlte den Griechen. Daß sie zu dieser Seite ihrer Vergangenheit nichts zu sagen haben, zeigt ohnehin, welch unbedeutende Anführer in einem System ‚vieler Könige‘ die Herrscher der ‚Dunklen Jahrhunderte‘ in Wirklichkeit waren – die völlig undramatisch von der Bildfläche verschwanden und bald vergessen waren –, auch wenn es bei Homer so große Helden wie Ajax und Agamemnon gibt. Ohne sie war der Adel nun gezwungen,

den formlosen beratenden Körperschaften, deren Tätigkeit wir aus
den homerischen Epen kennen, eine endgültige Gestalt zu geben. So
entstanden Räteversammlungen und Ämter (die ‚Magistrate‘, latei-
nisch ausgedrückt), mit mehr oder weniger festgelegten Vorrechten
und Verantwortlichkeiten und einem Mechanismus der Auswahl und
des Ämterwechsels, der auf den geschlossenen Kreis der grundbesit-
zenden Aristokratie beschränkt war.

Diese Gemeinwesen waren klein und unabhängig, wenn sie nicht
gewaltsam unterworfen waren. Entsprechend der gewöhnlichen me-
diterranen Siedlungsform besaßen sie ein ‚städtisches‘ Zentrum, lange
Zeit hindurch nicht mehr als ein Dorf, in dem sich die Wohlhabenderen niedergelassen hatten. Ein Stadtplatz war als unbebaute Fläche
ausgespart und später im allgemeinen auf drei Seiten von öffentlichen
und zu religiösen Zwecken benutzten Gebäuden begrenzt. Mit Tempelbauten, die in der Regel dazugehörten, kann man seit etwa 800
v. Chr. rechnen. Es wurde sorgfältig darauf geachtet, daß der Platz
leicht zugänglich blieb, damit sich, wenn nötig, das ganze Volk dort
versammeln konnte. Das war die Agorá in ihrer ursprünglichen Bedeutung als ‚Versammlungsort‘, lange bevor Läden und Buden über-
handnahmen. Die landläufige Übersetzung des Wortes *agorá* mit
‚Marktplatz‘ ist daher selten richtig, wenn nicht gar falsch. War das
Gelände geeignet, findet sich oft eine Akropolis, ein höher gelegener
Ort als Zitadelle im Verteidigungsfall. Stadt und Land waren wesentlich als zusammengehöriges Ganzes gedacht und nicht als gegensätz-
liche Elemente wie gewöhnlich bei Orten des Mittelalters. Diese Vorstellung ist auch in der Sprache verankert, in der das Staatswesen mit
dem Volk, nicht mit dem Ort identisch ist. Ein Mensch der Antike
konnte von Athen als Staat oder als politischem Organismus nur als
von ‚den Athenern‘ sprechen. Das Wort ‚Athen‘ wurde nur sehr selten
anders als rein geographisch gebraucht; man reiste nach Athen, aber
führte Krieg mit den Athenern. Die weitverstreuten unabhängigen
Staatswesen entwickelten sich natürlich verschieden schnell, und das
Endergebnis war höchst unterschiedlich. Der Staat des 8. und 7. Jahrhunderts mußte einen langen Weg zurücklegen, bevor er zur klassischen *polis* wurde. Aber der Anfang dazu war schon in frührchaischer
Zeit gemacht.

Die für Hellas so charakteristische Zersplitterung ist zum Teil geographisch bedingt. Viele Gegenden Griechenlands zeigen im Wechsel von Gebirgen und Ebenen oder Tälern ein schachbrettartig gemustertes Landschaftsbild, das die Isolierung der einzelnen bewohnten Nester begünstigte. Da die kleinasiatischen Küstengebiete sich ziemlich ähnelten, konnte ein vergleichbares Siedlungsmuster entstehen. Die ägäischen Inseln sind ebenfalls gebirgig, zudem oft sehr klein. Aber mit der Geographie allein ist nicht alles erklärt, besonders nicht die spätere Entwicklung der griechischen Verhältnisse. Sie kann beispielsweise nicht erklären, warum Attika eine politische Einheit wurde, während es im wenig größeren benachbarten Boiotien zwölf unabhängige Stadtstaaten gab, die sich dem Vormachtstreben des größten unter ihnen, Thebens, erfolgreich widersetzten oder wie es kam, daß die winzige Insel Amorgos die ganze klassische Zeit hindurch drei voneinander unabhängige *poleis* besaß. Vor allem bleibt die Frage offen, warum die Griechen dieses kleine Staatsgefüge auch nach Sizilien und Süditalien verpflanzt haben, obwohl es dort geographisch möglich und aus Gründen der Selbstbehauptung auch ratsam gewesen wäre, viel größere Bereiche politisch zusammenzufassen. Hier müssen viel bedeutsamere Dinge eine Rolle gespielt haben, nämlich die Überzeugung, daß die *polis* die einzige angemessene Staatsform für ein zivilisiertes Zusammenleben darstelle. Aristoteles hat dieser Überzeugung in den letzten Tagen griechischer Unabhängigkeit Ausdruck verliehen (Politik 1253 a 7–9) und den Menschen als *zoon politikón* definiert, als Wesen, das von Natur aus dazu bestimmt ist, in der *polis* zu leben.

Die Landverbindung von einem Winkel zum anderen war mühsam und beschwerlich, falls sich Widerstand erhob, manchmal sogar unmöglich. Da es im Inland fast keine Wasserstraßen gab, wurde der Seeweg, wenn irgend möglich, auch für kleinere Entfernungen zur normalen griechischen Verkehrsverbindung. Die Griechen sind schlechthin *das* Seefahrervolk der Antike, und doch ist ihre Einstellung zum Meer immer bemerkenswert zwiespältig gewesen. Im Meer hatten zwar freundliche Nymphen, die Nereiden, ihren Wohnsitz, aber hier regierte auch Poseidon, den man fürchtete und gnädig stimmen wollte, aber eigentlich nie geliebt hat. Als die Griechen von der Mitte des 8. Jahrhunderts an zu ständiger Expansion gezwungen waren, vertrauten sie sich trotzdem der See an und segelten west- und nordostwärts. Am Ende des archaischen Zeitalters umfaßte die griechische

Welt ein riesiges Gebiet. Sie erstreckte sich von der nördlichen, westlichen und südlichen Küste des Schwarzen Meers über das westliche Kleinasien, ganz Griechenland mit den ägäischen Inseln und einen großen Teil von Sizilien bis Süditalien. Weiter westlich gehörten die mittelmeerischen Küsten einerseits bis Kyrene in Libyen dazu, andererseits Marseille und einige spanische Küstenorte. Überall siedelten sich die Griechen an der Küste an und nicht im Hinterland *(Karte 5).*

Zur gemeinsamen Umwelt dieser ausgedehnten Regionen gehörte jedoch nicht nur das Meer. Gemeinsam waren ihnen auch, mit wenigen Ausnahmen, das ,mediterrane' Klima und die Vegetation, die den Aufenthalt im Freien erlauben und sogar fördern, wie man es dort heute noch antrifft. Die Sommer sind heiß und sonnig, die Winter mild, Küsten und Ebenen meist schneefrei; Oliven, Trauben und Blumen aller Art wachsen in Hülle und Fülle. In den Ebenen gedeihen Getreide und Gemüse, das Meer ist fischreich und auf den Hügeln gibt es genügend Weideland, wenigstens für kleinere Tiere. Wenn auch meist kein Überfluß vorhanden ist und Ackerbau und Weidewirtschaft steter Sorgfalt bedürfen, so verlangen Behausung und Heizung doch nur geringen Aufwand. Ein Problem ist höchstens der Mangel an Metall und Holz zum Schiffbau; beides kommt nur in bestimmten, manchmal weit entfernten Gegenden vor. Die Wasserversorgung kann ebenfalls schwierig sein, deshalb kommt den Quellen und Brunnen in Mythos und Wirklichkeit eine so hohe Bedeutung zu.

Man könnte sagen, daß die griechische ,Kolonisation' in zwei anhaltenden Wellenbewegungen verlief, die frühe Besiedlung Kleinasiens nicht eingeschlossen. Die Bewegung nach Westen setzte um 750 v. Chr. ein und war bis um die Mitte des folgenden Jahrhunderts in vollem Gang. Eine sekundäre Auswandererwelle hielt etwa weitere hundert Jahre an, danach war der Prozeß im wesentlichen abgeschlossen. Die Ausbreitung nach Nordosten begann vor 700 mit Niederlassungen im thrakischen Raum, auf nahegelegenen Inseln wie Thasos und in der kleinasiatischen Troas. Etwa um 650 folgte ein weiteres Vordringen in die Gegenden um den Hellespont und längs der beiden Schwarzmeerküsten, bis am Ende des 6. Jahrhunderts die Donmündung an der Nordküste und Trapezus (Trapezunt, heute Trabzon) im südöstlichen Winkel erreicht waren. Die antiken Darstellungen dieser Wanderbewegungen sind nicht gerade aufschlußreich. Ein verhältnismäßig nüchternes Beispiel, die anerkannte Gründungsgeschichte der Stadt Syrakus in Sizilien, findet sich folgendermaßen bei Strabon (VI 2, 4):

‚Archias, der von Korinth aus segelte, gründete Syrakus etwa um die gleiche Zeit, als Naxos und Megara (ebenfalls in Sizilien) erbaut wurden. Es wird berichtet, daß Myskellos und Archias, als sie das delphische Orakel konsultierten, vom Gott gefragt wurden, was sie vorzögen, Reichtum oder Gesundheit. Archias wählte Reichtum, Myskellos Gesundheit, und das Orakel übergab ersterem die Gründung von Syrakus, letzterem die von Kroton (in Süditalien) ... Auf seinem Weg nach Sizilien ließ Archias einen Teil der Expedition zurück, um die Insel zu besiedeln, die jetzt Kerkyra (heute Korfu) heißt ... Sie vertrieben die Liburner, die hier wohnten, und errichteten eine Siedlung. Archias, der seine Reise fortsetzte, traf auf Dorier ..., die sich von den Siedlern aus Megara getrennt hatten. Er nahm sie mit und zusammen gründeten sie Syrakus.‘

Der unüberhörbare mythische Ton und das Interesse an einzelnen Persönlichkeiten und ihrem Gezänk anstatt an den zu Grunde liegenden gesellschaftlichen Fragen sind charakteristisch für die meisten Überlieferungen. Andererseits sind diese Darstellungen ‚historischer‘ als die viel ungenaueren wirren Berichte vom Zug nach Kleinasien zu Beginn der ‚Dunklen Jahrhunderte‘. Während man die früheren Wanderbewegungen wahrscheinlich eher mit riskanten, ungewissen Fluchtunternehmen vergleichen kann, spielte sich nun eine wohlorganisierte Bevölkerungsverschiebung ab, obgleich noch in kleinem Ausmaß, eine Gruppenauswanderung, die von den ‚Mutterstädten‘ systematisch durchgeführt wurde.

Apoikia, der allgemein verwendete griechische Ausdruck für eine solche neue Siedlung im Ausland, bedeutet auch ‚Emigration‘, enthält aber keinen Beigeschmack von Abhängigkeit, der unserem Wort ‚Kolonie‘ anhaftet. Jede *apoikia* war gewöhnlich von Anfang an als unabhängige Gemeinde gedacht, die zwar ihrer ‚Mutterstadt‘ gefühlsmäßig, oft auch religiös verbunden blieb, aber weder wirtschaftlich noch politisch von ihr abhängig war. Man könnte sogar sagen, daß ihre Unabhängigkeit im ganzen zur Erhaltung der freundschaftlichen Verbindungen mit der alten Heimat beigetragen hat, da man die Ärgernisse und Konflikte nicht kennenlernte, die gewöhnlich unter kolonialen

Bedingungen entstehen. Übrigens wurden Orte oft etwas willkürlich
als ‚Mutterstadt' bezeichnet, denn viele neue Niederlassungen waren
von Siedlern aus mehreren Städten der alten griechischen Welt gegründet.

Nach dem allgemein üblichen Zeitschema, das sich auf archäologische Erkenntnisse und die griechischen Geschichtsschreiber stützt,
war die früheste Kolonie die Stadt Kyme (Cumae) bei Neapel kurz vor
750 v. Chr. Genaugenommen ist es eigentlich die heutige Insel Ischia
gewesen, von der aus dann Kyme gegründet wurde. Die Siedler kamen aus Chalkis und Eretria, den beiden Hauptorten Euboias, die zur
gleichen Zeit auch nach Al Mina in der Levante Beziehungen unterhielten. Chalkis war außerdem die Mutterstadt des sizilischen Zankle,
dem späteren Messina, der Städte Rhegion auf der italischen Seite der
Meerenge sowie von Naxos, Leontinoi und Catania (griechisch Katane) in Ostsizilien, die der Überlieferung nach alle um 730 gegründet
wurden. Nach Zankle gelangten auch Leute aus anderen Orten
Euboias, während Rhegion politische Flüchtlinge aus Messene auf-
nahm und Megarer in Leontinoi hinzustießen. Zur gleichen Zeit wurde Syrakus durch Korinther und ungenannte ‚andere Dorier' gegründet, Sybaris in Süditalien um 720 durch Achaier und einen Auswande-
rertrupp aus dem peloponnesischen Troizen, Gela im Süden Siziliens
im Jahre 688 durch Kreter und Rhodier. Danach werden die Niederlassungen wegen ‚interner' Auswanderungen unübersichtlich, denn
manche Kolonien sind nun ihrerseits Mutterstädte geworden, während noch immer Emigranten aus dem Osten ankamen. So wurde Himera um 650 von Zankle aus durch eine Gruppe von Verbannten aus
Syrakus gegründet, Selinunt zwischen 650 und 630 vom ostsizilischen
Megara Hyblaia, Kyrene um 630 von der ägäischen Insel Thera, Massalia (Marseille) um 600 durch kleinasiatische Phokaier, und Akragas,
heute Agrigent, im Jahre 580 von Gela, zusammen mit Auswanderern,
die direkt aus Rhodos, dem Mutterland der Stadt Gela, kamen.

Die Aufzählung ist unvollständig und keines der überlieferten Daten ist gesichert. Aber das Gesagte genügt, um die zeitliche Abfolge
der Auswanderungsbewegung darzustellen, die im großen und ganzen archäologisch gesichert ist, und um die Verbundenheit der Neugründungen mit dem Meer sowie Anzahl, Verschiedenartigkeit und
geographische Verbreitung der beteiligten griechischen Städte auf-

zuzeigen. Es wäre überflüssig, auch noch die nordägäischen und Schwarzmeersiedlungen anzuführen, für die wir viel spärlichere literarische und archäologische Zeugnisse besitzen. Die Besiedlung der thrakischen Ägäisküste setzte im späten 8. Jahrhundert ein, und wieder bildeten euböische Städte die Vorhut, wie wir am Namen der Halbinsel Chalkidike erkennen, der von Chalkis herrührt. Bald treten auch andere ägäische Inseln ins Blickfeld, Paros, Rhodos und vor allem Chios. Als die Auswandererwelle dann über die ägäischen Küsten hinaus das Schwarze Meer erreicht hatte, spielte Milet, gefolgt von Megara, die führende Rolle als Mutterstadt. Aber der Ort müßte sich ganz und gar entvölkert haben, wenn man die vielen Hinweise auf milesische Unternehmungen allzu wörtlich nähme, ein weiterer Beweis dafür, daß das Wort ‚Mutterstadt‘ nur mit Einschränkungen zutrifft.

Die Länder in Ost und West, die nun das Ziel griechischer Auswanderer wurden, waren von allerlei Völkern bewohnt, die auf sehr unterschiedlicher Entwicklungsstufe standen. Die Menschen hatten an den Ankömmlingen das verschiedenartigste Interesse und begegneten ihnen mit unterschiedlicher Widerstandskraft. Die Etrusker in Mittelitalien waren stark genug, die griechische Expansion in der Höhe des Golfs von Neapel aufzuhalten, und sie waren genügend fortgeschritten, um das griechische Alphabet, Elemente der griechischen Religion und vieles aus der griechischen Kunst zu übernehmen. Dagegen waren die Sikuler wie die Thraker und die Skythen der nördlichen Ägäis und der Schwarzmeergebiete technisch und gesellschaftlich weniger fortgeschritten. Zum Teil hat man sie offenbar in halbsklavische Arbeitsverhältnisse versetzt, aber hier sind unsere Anhaltspunkte dürftig und undurchsichtig. Manche Stämme wurden ins Landesinnere vertrieben, und in den Jahrhunderten danach waren ihre Beziehungen zu den Griechen immer noch mühsam und schwierig.

Ein Vergleich zwischen ‚Mutterstädten‘ und Orten, die sich offenbar nicht an der Kolonisation beteiligten, zeigt, daß die besondere Eigenart der Städte und die Kolonisierungsbestrebungen nur wenig miteinander zu tun haben. Die Reihe der Städtenamen berechtigt auf keinen Fall zu der früher oft vertretenen Ansicht, die Kolonisation sei in *erster Linie* auf kommerzielle Interessen zurückgegangen. Wir wollen die kommerzielle Seite der griechischen Kolonisation schon wegen des oft erwähnten Bedarfs an Metall hier keineswegs verneinen.

Die Insel Ischia, die erste der Siedlungen im Westen, besaß einige Eisenvorkommen und lag auf alle Fälle auf dem Weg zu den reichen Erzlagern in Mittelitalien. Bald folgten Gründungen zu beiden Seiten der Straße von Messina, offensichtlich zur Kontrolle des engen Zugangs zur Westküste Italiens. Die ersten Siedler scheinen gewußt zu haben, wohin die Reise ging, und müssen es durch Kaufleute erfahren haben, die schon in der Gegend gewesen waren. Doch mit Handelsinteressen allein ist die über Jahrhunderte während Ausbreitung schwerlich zu erklären. Sizilien besaß zum Beispiel keine Metallvorkommen und war auch im übrigen für griechische Kaufleute wenig attraktiv, die sich dort nur gelegentlich auf ein Unternehmen einließen. Dasselbe gilt für das Binnenland um das Schwarze Meer. Es gibt kaum archäologische Beweise für die Anwesenheit von Griechen vor den ersten Kolonisten. Am Ende bleibt es die große Frage, aus welchen Gründen man eigentlich auswanderte, die Heimat in Griechenland, Kleinasien oder auf den Inseln verließ, um sich für immer in fremder, manchmal feindseliger Umgebung niederzulassen, von Anfang an völlig unabhängig von der Mutterstadt. Auswanderer waren ein anderer Menschenschlag als Kaufleute, die ihre heimatliche Basis nie aufgaben, sie kamen also mit ganz anderen Absichten. Und eine größere Zahl Kaufleute gab es weder unter den Auswanderern, die den ersten Siedlern folgten, noch in den Sekundärgründungen, wie Himera und Akragas, die sich mit der Zeit von den ersten Kolonien abspalteten.

Der Unterschied wird noch deutlicher, wenn man an die wenigen echten Handelsposten denkt, die schließlich entstanden, Orte, die griechisch Emporion, ,Handelsplatz' oder ,Markt', hießen, wie das heutige Ampurias in Spanien oder ein Handelsposten an der Donmündung. Dazu gehört auch das sehr interessante Naukratis im Nildelta, in dem die Pharaonen die Vertreter einiger griechischer, hauptsächlich kleinasiatischer Staaten angesiedelt hatten, die mit Ägypten Handel trieben. Die kleine Anzahl dieser Niederlassungen und das relativ späte Entstehungsdatum sprechen für sich. Das spanische Emporion wurde durch Massalia gegründet, das selbst erst seit frühestens 600 bestand. Naukratis kann etwas früher als Massalia datiert werden, das russische Emporion stammt aus wesentlich späterer Zeit. Das Entscheidende liegt aber wohl darin, daß diese Orte anfangs keine echten griechischen *poleis* waren, sondern Treffpunkte zwischen der griechi-

schen und der nichtgriechischen Welt, wie einst Al Mina, während alle
anderen neuen Siedlungen, von denen es Dutzende, schließlich Hunderte gab, von Anfang an in jeder Beziehung griechische Städte waren, das heißt vor allem Agrargemeinden, gegründet von Menschen,
die auf der Suche nach Land waren. Sie ließen sich zwar in Meeresnä-
he nieder und hatten nichts gegen günstige Ankerplätze, aber das war
ihnen nicht das Wichtigste. So gab es beispielsweise, trotz der vielen
griechischen Gemeinden in Süditalien, keine Niederlassung an der
Stelle des römischen Brundisium (heute Brindisi), dem besten Hafen-
platz an der Ostküste. Daher hießen auch Aristokraten der Stadt Syrakus, der mächtigsten unter den neuen Gemeinden des Westens, *gamo-
roi*, wörtlich: ‚die das Land geteilt haben‘.

Die Untersuchungen ergaben schließlich, daß sich die Mutterstädte
ohne Ausnahme in einem Krisenzustand befunden hatten, ernst genug, um alle Kräfte zu mobilisieren, die ein so schwieriges Unternehmen wie die Umsiedlung ins Ausland verlangte. Man brauchte dazu
Schiffe, Rüstungen und Waffen, vermutlich auch Werkzeug, Saatgut
und Vorräte, und mußte die notwendigen psychologischen Voraussetzungen schaffen. Den überlieferten Geschichten von persönlichem
Zank und Streit, Mord und Totschlag, die die Griechen späterer Zeit
mit verschiedenen Stadtgründungen in Verbindung brachten, liegen
tiefe, unüberwindliche soziale Konflikte zugrunde. Wir glauben nicht,
daß im archaischen Griechenland allzuviel ‚wikingerhafte‘ Abenteu-
erlust herrschte.

Bei Herodot findet sich ein leider sehr kurzer Abschnitt (IV 153)
über die Gründung der Stadt Kyrene durch Thera, der in Verbindung
mit einer Inschrift des frühen 4. Jahrhunderts aus Kyrene aufschlußreich ist. Die Inschrift behauptet, den Vertrag der ersten Siedler im
Wortlaut wiederzugeben.[3] Herodot sagt folgendes: ‚Die Theraier
aber beschlossen, in allen ihren sieben Ortschaften durch das Los jeweils einen von zwei Brüdern bestimmen zu lassen und dahin zu sen-
den, Battos aber sollte sie anführen und ihr König werden. Auf Grund
dieser Abmachungen schickten sie zwei Fünfzigruderer ab.‘ Zusätz-
lich entnehmen wir der Inschrift, daß eine Weigerung mit dem Tode
bestraft werde und die Beschlagnahme des Besitzes zur Folge habe,
Freiwillige allerdings ebenfalls willkommen seien. Es waren also nur
wenige Menschen, höchstens zweihundert, darunter keine Frauen,

und wir möchten daran erinnern, was wir zur ersten Auswanderung
nach Kleinasien gesagt haben, daß nämlich die frühesten Siedler Ein-
geborenenfrauen zur Ehe nahmen. Die Auswanderung erfolgte unter
Zwang, obwohl der einzige Sohn einer Familie offensichtlich davon
verschont blieb. Wozu aber die Nötigung? Wir erfahren es nicht. In
der Vorstellung Herodots und der Menschen, die den ‚Vertrag‘ später
inschriftlich in Kyrene selbst festhalten ließen, vermischen sich die rea-
len Vorgänge mit Weisungen des delphischen Apollon und dem
Wunsch, die Battiadendynastie zu stützen, die in Kyrene an der
Macht war. Damit hätten wir wieder die mythische Deutung, die für
die meisten Gründungssagen typisch ist. Aber der reale Kern der Geschichte bleibt bestehen, und so müssen wir wohl annehmen, auch
ohne Genaueres zu wissen, daß Thera in der Mitte des 7. Jahrhunderts
v. Chr. einen verhältnismäßig hohen Bevölkerungsüberschuß hatte
und sich daher in einer latenten, wenn nicht sogar offenkundigen sozialen Notlage befand. Das traf vermutlich überall zu, wo Kolonisation aktiv gefördert und womöglich auch häufig erzwungen wurde.

Die Wurzeln dieser sozialen Konflikte lagen im Wesen der aristokratischen Gesellschaft und der Art ihrer Entwicklung im Laufe der
‚Dunklen Jahrhunderte‘. Die archäologischen Befunde lassen ein allmähliches Ansteigen des Wohlstands, der technischen Fähigkeiten
und, gegen Ende der Epoche, auch eine beachtliche Bevölkerungszunahme erkennen. Solche Ergebnisse liegen uns jetzt zum ersten Mal
vor, weil sich griechische Archäologen nun für Themen wie Bevölke-
rungsstatistik und Siedlungsformen interessieren. Aber es gibt aller-
hand schwierige Fragen. Argos und vor allem Athen scheinen gerade
dann eine wahre Bevölkerungsexplosion erlebt zu haben, als die Kolo-
nisierungsbewegung in Gang kam,[4] aber weder Argos noch Athen haben sich daran beteiligt. Korinth, das viele Kolonien gründete, war dagegen noch immer kaum mehr als ein großes Dorf, das mit anderen
Ortschaften und Häusergruppen zusammengewachsen war. Wenn es
dort Übervölkerung gab, dann „nicht, weil das vorhandene Land
schon zu eng bebaut war, sondern wegen des Systems der Grundherr-
schaft".[5]

Mit der Ausschaltung des Königtums, das nur als Titel erhalten
blieb, scheint die Aristokratie ihre Reihen geschlossen, sich den größten bzw. besten Teil der Ländereien angeeignet und die politischen

Mittel geschaffen zu haben, um alle Macht auf sich zu vereinen. Daß in den späteren Überlieferungen die Abstammung eine so große Rolle spielte und jede vornehme ‚Familie‘ einen Gott oder ‚Heros‘ als Vorfahren beanspruchte, ist ein sicheres Zeichen für das Streben nach einer exklusiven Aristokratie des ‚Blutes‘. Der Reichtum erhielt ihr lange Zeit das militärische Monopol. Metall war selten und teuer, besonders das für Schwerter und Speerspitzen benötigte Eisen. Um die Mitte des 8. Jahrhunderts kamen bei Helmen, Rüstungen und Waffen teils mitteleuropäisch, teils östlich beeinflußte Neuerungen auf *(Abb. 26)*. Im Laufe der nächsten hundert Jahre setzte sich die Vollpanzerung vom Helm bis zu den Beinschienen durch, die für Nichtbegüterte unerschwinglich war. Reichtum war auch eine Voraussetzung für die Pferdezucht, die nun mit dem Aufkommen der Kavallerie wichtig wurde, einer durch alle Zeiten der Geschichte speziell aristokratischen Waffengattung. Wir wissen wenig über die Aufgabe der Reiterei im archaischen Griechenland, die manche Historiker sogar übergehen, weil sie auf griechischem Boden zwangsläufig nebensächlich gewesen ist. Auf jeden Fall erscheinen Pferde und Reiter damals sehr oft auf der bemalten Keramik, und spätere griechische Autoren, wie Aristoteles, legten großen Nachdruck auf die Kavallerie. Griechische Auswanderer haben auch die Reiterei nach Italien gebracht, und bis in Herodots Zeiten (V 77) war Hippobotai oder ‚Pferdezüchter‘ der Name der regierenden Oberschicht in Euboia. Eine Reiterei dürfte zumindest bei Überfällen nützlich gewesen sein und für Schwerbewaffnete ein schnelles Erreichen des Schlachtfeldes bedeutet haben.

Die Aristokratie gebrauchte ihren Reichtum außerdem, um durch Patronate und Gefälligkeiten Kontakte zu Angehörigen des Volks zu knüpfen. Über den eigentlichen Status der Masse dieser Bauern, Handwerksleute und Seefahrer wissen wir ja in Wirklichkeit nur verschwommen Bescheid. Die Frage muß offenbleiben, ob neben Schichten wie etwa den Heloten in Sparta (Näheres in Kapitel 9) die große Zahl der Arbeitskräfte in Feld- und Weidewirtschaft und der Bediensteten in den vornehmen Haushaltungen frei oder halbfrei waren und man solche Begriffe überhaupt schon sinnvoll verwenden kann. Wir hören auch von regelrechten Sklaven, überwiegend gefangenen Frauen, weniger Männern, aber daß man sich weitgehend auf Kaufsklaverei verließ, auf Menschen, die als bewegliche Habe im strengen

Sinne galten, kam erst in der klassischen und nachklassischen Zeit auf und interessiert uns hier nicht. Wir möchten aber nicht behaupten, daß die niederen Stände in unserem Sinne oder im Sinne eines Atheners des 5. Jahrhunderts ‚frei' waren. Zweifellos besaßen sie persönliche Rechte und Besitzrechte, die gewohnheitsmäßig geschützt waren, und sie mochten wohl auch von Zeit zu Zeit zur Volksversammlung aufgerufen werden, wie in den homerischen Epen. Aber sie waren dann wahrscheinlich in anderer Weise gebunden, etwa durch die Verpflichtung, einen Teil ihrer Erzeugnisse abzuliefern oder bestimmte unbezahlte Frondienste zu leisten, vielleicht sogar durch eine Einschränkung ihrer Bewegungsfreiheit, der tatsächlichen wie der beruflichen. Möglicherweise haben wir einen Stand vor uns, ähnlich dem, der in der Überlieferung zur frühesten Epoche Roms mit dem Ausdruck des ‚Klienten' bezeichnet wird, nicht zu verwechseln mit dem gleichlautenden verwässerten Begriff in späterer Zeit.

Wir müssen außerdem bedenken, daß es ‚deklassierte' Angehörige der Aristokratie gab und einen Mittelstand aus verhältnismäßig wohlhabenden, nichtadeligen Bauern, einigen Kaufleuten, Seetransportunternehmern und Handwerkern. Ihre Herkunft und Geschichte mag unbekannt sein, aber sie erscheinen in den Fragmenten der lyrischen Dichtung, die um 650 v. Chr. beginnt, und trugen um diese Zeit entscheidend zur folgenreichsten militärischen Neuerung der griechischen Geschichte bei. Nachdem der Vollpanzer genügend verbessert war, konnte es nur noch eine Frage von Jahrzehnten sein, bis ein Befehlshaber, womöglich der halbsagenhafte Pheidon von Argos, auf den Gedanken kam, das schwerbewaffnete Fußvolk, Hopliten genannt, in geschlossenen Reihen zu einer geschlossenen Formation zu ordnen. Bald war sie den lockeren Verbänden der aristokratischen Krieger so weit überlegen, daß gegen Ende des 7. Jahrhunderts in der griechischen Welt nur noch die Phalanx die gewöhnliche Heeresform war *(Abb. 27).* Schon die vermehrte Truppenaushebung mit ihren weitreichenden sozialen Konsequenzen war von großem Nutzen. Solange Rüstung und Waffen der Hopliten, die jeder Soldat normalerweise aus eigenen Mitteln anschaffen mußte, mit hohen Kosten verbunden waren, konnten die Veränderungen keine Demokratisierung des Heeres bewirken. Ein solcher Schritt hat in Griechenland eigentlich nie stattgefunden, außer in Staaten, die in der Flotte ihre Hauptstreitmacht sahen, wie das klassische Athen, das die Schiffe zum größten Teil mit Mannschaften aus den ärmeren Volksschichten ausgerüstet hatte. Trotzdem verhalf die Phalanx zum ersten Mal auch den besser gestellten Nichtadeligen zu wichtigen militärischen Aufgaben. Man könnte vielleicht das Verschwinden von Waffen als Grabbeigaben mit dieser Entwicklung in Zusammenhang bringen, denn Waffen hatten nun aufgehört, die Statussymbole der höheren Stände zu sein. Real gesehen führte der Platz in der Phalanx schließlich zur Teilnahme an der politischen Mitsprache.

So fanden sich alle Stände in wechselnder Gruppierung und Verbindung in gesellschaftliche Konflikte verstrickt, die die Griechen mit dem Terminus *stasis* bezeichnen. Innerhalb der Aristokratie selbst waren Streitigkeiten um Macht und Ansehen an der Tagesordnung. Die Schaffung offizieller Institutionen zur politischen Führung hatte lediglich die Bedingungen verändert, unter denen sie ausgetragen wurden. Man bedenke, wie beharrlich die athenische Überlieferung daran festhält, daß das Haus der Alkmeoniden ständig aus der Reihe tanzte und politisch seine eigenen Wege ging, oder erinnere sich an das Machtmonopol der Bakchiaden in Korinth. Dann kamen die Wohlhabenderen unter den Nichtaristokraten und wollten an den Privilegien teilhaben, offenbar umso hartnäckiger und dringlicher, seit sie in der Hoplitenphalanx militärisch eine Rolle spielten. Schließlich gab es die armen Leute, die Masse der arbeitenden Bauern, deren Lage sich anscheinend mit dem allgemeinen Wohlstands- und Erfolgswachstum verschlechtert hatte. Eine Bevölkerungszunahme war an sich schon gefährlich, wenn nicht sogar ein ausgesprochenes Unheil, denn viele Gegenden Griechenlands und seiner ägäischen Inselwelt konnten auf ihrem Boden einfach nicht mehr Menschen ernähren. Der Dichter Hesiod empfiehlt im 7. Jahrhundert, man solle erst im Alter von 30 Jahren heiraten (Werke und Tage 695–697) und rät folgendes: ‚Es sollte nur ein einziger Sohn da sein, um das väterliche Haus zu ernähren, denn so wird der Wohlstand daheim wachsen; doch wenn du einen zweiten Sohn zurückläßt, sollst du in hohem Alter sterben' (Werke und Tage 376–378). Es kommt hinzu, daß der steigende Lebensstandard der Reichen, der mehr und differenziertere Arbeitskräfte erforderte, und verlangte, daß man den Boden bis in schlechte Randgebiete bestellte, die niederen Stände stärker unter Druck setzte. Wir

wissen aus Aristoteles' Schrift über den *Staat der Athener* (2, 1–2), daß
es schließlich ,einen langen Bürgerzwist zwischen Adel und Volk gab',
denn ,die Armen waren mit Weib und Kind den Reichen versklavt'
und ,hatten keine politischen Rechte'.

Diese lapidare Feststellung mit der ungenierten Verwendung des
Ausdrucks ,versklavt' ist nun allerdings allzu vereinfacht. Es läßt sich
auch nicht sagen, wie weit die *stasis* um sich gegriffen hatte. Trotzdem
ist es wahr, daß man überall nach Umverteilung des Landes und Schul-
denerlaß verlangte.[6] Man darf auch ruhig hervorheben, daß die Aristokraten das Monopol in der Ausübung des Justizwesens und die
Priesterämter besaßen. Hesiod spricht bissig von den ,spendengefräßi-
gen Richtern' seiner Zeit (Werke und Tage 263–264). Im Gegensatz
zu den Bessergestellten waren den niederen Ständen wirtschaftliche
Forderungen und der Ruf nach Gerechtigkeit wichtiger als der Anspruch auf politische Rechte. Aus dem Streben nach Gerechtigkeit erklärt sich ein anderer Aspekt unserer Überlieferung, die Rolle des
weisen Gesetzgebers. In den Händen einer traditionellen, geschlossenen, sich selbst perpetuierenden, verschwiegenen Aristokratie und in
einer Welt, die gerade erst anfing, von der Schrift Gebrauch zu machen, war das Recht eine mächtige, immer unerträglicher werdende
Waffe. Es wurden Stimmen laut, daß es keine Gerechtigkeit geben
könne, ehe die Gesetze allgemein bekannt sowie offen und unpartei-
isch angewendet würden. Als immer gebieterischer danach verlangt
wurde, waren die Männer, die schließlich mit dieser Aufgabe betraut
wurden, wie Solon in Athen, Charondas in Katane und Zaleukos in
Lokroi, naturgemäß ebenso Rechtsreformer wie Rechtsaufzeichner.
Da sie auf keine vorhandenen Rechtsbeispiele zurückgreifen konnten,
haben sie sie in einer Art von schöpferischem Zwang frei erfunden, der
in der archaischen griechischen Zeit alle Aspekte des Lebens und der
Kultur bestimmte, wie wir gar nicht genug hervorheben können. Die
politische Ordnung, die aus den Magistraten, den Räten und zuletzt
auch der Volksversammlung bestand, war eine freie Erfindung. Mythen und Kultgebräuche könnten zum Teil aus dem Osten entlehnt
sein, ihre Zusammenstellung hingegen war eine eigene Leistung; ori-
ginal war auch die literarische Formulierung, die aus der gleichen frühen Zeit wie Hesiods Theogonie stammt, und ebenso die Ansicht, daß
ein Dichter, der nicht zum Priester berufen war, das Recht besaß, eine

Göttergeschichte zu schreiben. Eine Neuschöpfung war auch die Phalanx, ungeachtet der fremden Herkunft mancher Teile des Hoplitenpanzers.

Die archaischen Gesetzgeber sind in zweifacher Hinsicht bemerkenswert, zunächst einmal durch ihr Selbstvertrauen. Sie waren sich einig, daß die Gerechtigkeit von den Göttern stammte, behaupteten aber selten, göttlichen Auftrag oder göttlicher Führung zu folgen. Die Anrufung des delphischen Orakels könnte dazu beigetragen haben, ihr Werk durch eine Art göttlichen Segen zu bekräftigen, ähnlich wie man in Delphi gelegentlich um Billigung eines Kolonisationsvorhabens nachsuchte. Aber die Reihenfolge war fast immer so: erst wurden Maßnahmen in die Wege geleitet, dann konsultierte man Delphi. Jahrhundertelang sollte diese Ambivalenz ein Charakteristikum der griechischen Gesellschaft bleiben. Religiöse Handlungen waren häufig und überall anzutreffen. Später wurden sogar delphische Orakelsprüche erfunden, um wiedergutzumachen, daß man es in der Vergangenheit oft versäumt hatte, sich die Mühe zu machen, Apollon um Rat zu fragen. Daß die Götter Gewalt über das Leben der Menschen und die Gemeinden hatten und sich einschalten konnten, nahm man als selbstverständlich hin. Doch gleichzeitig fand der Staat in sich selbst die Veranlassung und Berechtigung für sein Tun, handelte also nach menschlichen Richtlinien.

Die andere Besonderheit ist, daß die Gesetzgeber von der Ungleichheit der Menschen ausgingen. Gerechtigkeit wurde damals nicht mit der Gleichheit aller Menschen oder Demokratie in Verbindung gebracht. Solon schrieb: ‚So viele Rechte gab ich dem Volk, wie schicklich ihm zukommt'. Über die Machthaber sagte er weiter: ‚Diesen auch mutete ich nicht zu, Unrecht zu leiden und Schmach. Ich nun stellte mich hin, den starken Schild haltend gegen beide, ließ nicht eine Partei ungerecht siegen allein' (zitiert bei Aristoteles, *Staat der Athener* 12, 1.). Es wäre ein Anachronismus, in Solon eine demokratische Persönlichkeit sehen zu wollen. Das Volk, der *demos,*[7] befand sich als echte politische Kraft zu Beginn des 6. Jahrhunderts vermutlich kurz vor dem Erwachen, Volkssouveränität stand jedoch noch nicht zur Debatte.

Die Worte Solons mögen uns verdeutlichen, daß im archaischen Griechenland die wirtschaftliche, rechtliche und politische Entwick-

lung durch eine lange Phase verworrener Kämpfe führte, die nicht ununterbrochen anhielten, aber in kritischen Momenten durchaus heftig
tobten. Zunächst war die Möglichkeit, daß ein Teil der Bevölkerung in
neugegründete Kolonien geschickt werden konnte, ein Ventil.
Schließlich kam aber die Zeit – die Mitte des 7. Jahrhunderts dürfte für
manche Gegenden der Wendepunkt gewesen sein –, da es keine auswärtigen Lösungen mehr gab oder sie nicht mehr ausreichten. Die *stasis* flammte jäh wieder auf, aufrührerische und ehrgeizige Persönlichkeiten ergriffen die Gelegenheit, sich Vorteile zu verschaffen, und so
entstand die spezifisch griechische Institution der Tyrannis. Wir wüßten nicht, daß die archaischen Tyrannen sich je als solche bezeichnet
hätten, aber der Ausdruck wurde auf jeden Fall generell für Männer
verwendet, die in ihrem Stadtstaat die unumschränkte Macht an sich
gerissen hatten. Schließlich erhielt das Wort auch den unfehlbar her-
absetzenden Beigeschmack. Als die Griechen später auf das Zeitalter
der Tyrannis zurückblickten, haben sie die Geschichte dieser Zeit ein-
gefärbt, wie es ihrem neuen Verdammungsurteil entsprach, aber nie
ganz verheimlicht, daß die einzelnen Tyrannen sehr verschieden waren und manche auch wohlwollend und weise regierten.

Die griechische Tyrannis ist nicht zu begreifen, wenn man dem
Wort nicht zunächst den Nebensinn von Despotismus nimmt, mit dem
es behaftet ist, seit die Griechen der klassischen Zeit ihm diese Verbindung aufzwangen. In Kapitel 10 werden wir das deutlich sehen, wenn
wir uns den Peisistratiden in Athen zuwenden. Es ist nicht zu bestrei-
ten, daß die Nachkommen der ersten Alleinherrscher beim Versuch,
die Erbfolge zu sichern, in der Regel zu brutalen Despoten wurden,
die man schließlich vertrieb. Die Tyrannis der archaischen Zeit war
der Generationenzahl nach stets kurzlebig. Sie entstand und erwuchs
aber jeweils aus der gesellschaftlichen Gesamtsituation. Hier lagen
ihre Wurzeln, nicht nur in der moralischen Kraft einzelner Persönlichkeiten.

Die Tyrannis begann sich wahrscheinlich nach der Mitte des
7. Jahrhunderts über zahlreiche Städte des griechischen Festlands zu
verbreiten und erreichte dann auch die ägäischen Inseln, Kleinasien
und die Städte im Westen. Unsere Hauptquelle ist Herodot, der aber
nicht behauptet, er kenne die genaue Zeitfolge. Die späteren Bemü-
hungen griechischer Altertumsforscher und Historiker zu diesem

Thema sind unzuverlässig, so daß man in den meisten Fällen besser keine exakten Daten angibt. Der früheste, in mancher Hinsicht undurchsichtigste Tyrann war Pheidon von Argos, den Aristoteles (Politik 1310b 26–28) einen König nennt, der als Tyrann regierte, und diese Anzüglichkeit legt nahe, daß Pheidon, anders als die erblichen Könige vor ihm, ein echter Autokrat war. Vielleicht hat er sich die Herrschaft über die anderen Adelshäuser durch Einführung der Phalanx gesichert. In ihrer typischen Form tritt die Tyrannis dann etwa eine Generation später in Korinth, Sikyon und Megara auf, um die bekanntesten Städte zu nennen. Daß es diese drei Orte und im 6. Jahrhundert dann Athen, Naxos, Samos und Milet waren, spricht für einen engen, doch nicht ausschließlichen Zusammenhang zwischen Tyrannis und gesellschaftlichem und politischem Fortschritt, insbesondere der Stadtwerdung. Besonders abgelegene Gebiete wie Akarnanien, Aitolien oder Thessalien sind daher selten betroffen.

Die Ursache lag überall in der Unfähigkeit des Erbadels, die entstehenden Konflikte zu unterdrücken oder zu lösen. Dabei war es gleichgültig, ob sie in den eigenen Reihen entstanden oder unter den wohlhabenderen Nichtadeligen, der wachsenden städtischen Bevölkerung und der verschuldeten, verarmten Bauernschaft. Gelegentlich kamen noch Auseinandersetzungen mit anderen Staaten hinzu, etwa Argos gegen Sparta oder Athen gegen Megara. Es ist kein Zufall, daß die Tyrannis in den Kolonialgebieten erst mehr als hundert Jahre später auftrat. Ihr Erscheinen hing oft mit den Sorgen zusammen, die übermächtige Nachbarstaaten verursachten, Lydien und Persien im Osten, Karthago im Westen. Polykrates von Samos zog den größten Nutzen daraus, daß in bisher beispiellosem Umfang eine Abwehr gegen die Perser organisiert werden mußte und daß er dazu imstande war. Hingegen gründeten andere ihre weniger bedeutende Tyrannis auf persische Hilfe.

Das Militärische spielte also eine große Rolle bei der Tyrannis, aber über den Leibwachen und Truppen, einheimisch oder gedungen, sollte man die beachtliche Popularität der Tyrannen nicht vergessen. In jeder Stadt gab es Stimmen, die nach einem Tyrannen *riefen* und von ihm erwarteten, er werde die sozialen und politischen Ziele nun gewaltsam durchsetzen, die sie anders nicht verwirklichen zu können glaubten. In Athen hatte ein Mann namens Kylon um 630 v. Chr. er-

folglos einen Staatsstreich versucht. Eine Generation später sollte Solon auf den Wunsch des Volkes Alleinherrscher werden, nach dem
Vorbild der Tyrannis im benachbarten Megara und Korinth. Solon
lehnte ab – ein seltenes, ungewöhnliches Beispiel der Selbstverleug-
nung – und versuchte, die Reformen auf anderem Wege zu bewerk-
stelligen, bezeichnend ist aber doch, daß man ihn zum Tyrannen ge-
wollt hatte. Vielerorts vollbrachte auch die Tyrannis auf Kosten der
alteingesessenen Aristokratie, was man von ihr erwartet hatte. Nicht,
daß die Tyrannen sich als Vollstrecker unerforschlicher historischer
Geschicke gesehen hätten, als Vorläufer der Demokratie oder dergleichen. Sie waren auf Macht und Erfolg aus, die sie bei intelligentem und
diszipliniertem Vorgehen auch für sich persönlich erreichen konnten,
indem sie ihre Stadt förderten. Mit der lähmenden *stasis* war es für eine
oder zwei Generationen vorbei. Sie schlossen Bündnisse mit anderen
griechischen Staaten durch dynastische Heiratsverbindungen und andere Mittel und entwickelten also, wo es ging, auch friedenstiftende
Kräfte. Freilich gab es manchmal keine Gelegenheit dazu. Sie begün-
stigten die Selbständigkeit der Bauern und förderten unter Umständen
auch Handel und Manufaktur, aber unsere Zeugnisse darüber sind alles andere als eindeutig. Sie festigten das Staatsbewußtsein durch öffentliche Bauten und prächtige Feste, die größtenteils mit den Haupt-
kulten in Verbindung standen. Vor allem aber machten sie der alther-
gebrachten aristokratischen Herrschaft ein Ende. Schließlich waren
die *polis* und ihre Einrichtungen paradoxerweise durch sie erstarkt,
obgleich die Tyrannen außerhalb von Gesetz und Verfassung standen,
und der *demos*, die Gesamtheit des Volks, mit ihrer Hilfe zu einem politischen Selbstbewußtsein gelangt, das in manchen Staaten dann zur
Herrschaft des *demos*, zur Demokratie, führte.

Es war natürlich die große Schwäche der Tyrannis, daß ihre Maßnahmen und ihr Stil völlig von den persönlichen Fähigkeiten des Tyrannen abhingen. Dazu kam der Nachteil der leichten Bestechlichkeit.
Der Tyrann war ja nicht die einzige tüchtige und ehrgeizige Persönlichkeit im Staat, aber den anderen stand keine ihren Ansprüchen angemessene Position zur Verfügung. Politische Rivalität konnte sich
nicht anders artikulieren als in Verschwörung und Mord. So mußte
die Tyrannis meist in der zweiten, spätestens in der dritten Generation
unausweichlich zur Despotie führen, zu Bürgerkrieg, Abdankung

oder Umsturz. Was folgte, war von Staat zu Staat verschieden. Die jahrhundertelange unterschiedliche Entwicklung in der griechischen Welt hatte ein vielfältiges Erbe hinterlassen. Die beiden wichtigsten Staaten, die nun in den Vordergrund traten, jeder einzigartig auf seine Weise, sind Sparta und Athen. Sparta hatte die Tyrannis überhaupt vermeiden können, und Athen sollte das Modell der griechischen Demokratie und auch die bedeutendste Führungsmacht Griechenlands werden.

9. Sparta

Einer der für Sparta charakteristischen Wesenszüge war das besondere Verhältnis zwischen *polis* und Staatsgebiet. Die *polis* Sparta bestand, zumindest ideell, aus einer einzigen Klasse von ‚Gleichen‘ oder
‚Pairs‘ *(homoioi)*, die im Zentrum wohnten und über eine verhältnismäßig große, unterworfene Bevölkerung herrschten. Sparta lag am
rechten Ufer des Eurotas in einer von Hügeln durchzogenen Ebene
von ca. 1800 qkm, dem Mittelpunkt der Landschaft Lakonien. Nach
der Eroberung von Messenien betrug das gesamte Hoheitsgebiet etwa
8300 qkm, mehr als die dreifache Größe Attikas. Bei der Beschaffenheit des griechischen Bodens hat diese Zahl freilich wenig zu bedeuten. Entscheidend ist, daß Messenien, und bis zu einem gewissen Grad
auch Lakonien, fruchtbarer als die meisten Gegenden Griechenlands
waren, so daß sich ihre Bewohner selbst ernähren konnten, ohne Importe, es sei denn in schweren und langen Kriegszeiten. Lakonien besaß auch Eisenvorkommen, die in Griechenland sehr selten sind, aber
wir wissen nicht, seit wann sie ausgebeutet wurden. Der größte Nachteil war der schlechte Zugang zum Meer. Sparta war, streng genommen, vom Meer abgeschnitten, sein nächster Hafen war Gytheion,
etwa 45 km südlich, das als Handels- und kleiner Kriegshafen benutzt
wurde.

Die Spartaner selbst waren nicht sehr zahlreich. Das größte militärische Kontingent, das sie je aus ihren eigenen Reihen aufstellten, bestand aus 5000 Hopliten gegen die Perser in der Schlacht von Plataiai,
im Jahre 479 v. Chr. Damals dienten außerdem 5000 *perioikoi* aus dem
übrigen Lakonien im Heer, darunter vielleicht auch einige aus Messenien. Es waren Freie, die in eigenen Kleinstädten, wie Gytheion, lebten, aber im Gegensatz zum üblichen griechischen Schema militärisch
und außenpolitisch keine Selbständigkeit besaßen. In dieser Beziehung waren sie von Sparta abhängig, seiner Politik unterworfen und
mußten auf Spartas Ruf unter seiner Führung im spartanischen Heer
kämpfen. Aber obwohl sie als Untertanen galten und nicht mit regulä-

ren Bundesgenossen, wie etwa den Korinthern, verwechselt werden dürfen, waren die *perioikoi* doch gleichzeitig Bürger ihrer eigenen Städte, sprachen den dorischen Dialekt und durften sich, wie die Spartaner selbst, ebenfalls Lakedaimonier nennen. Der Name war abgeleitet von dem Stammvater Lakedaimon, einem Sohn des Zeus und der Taygete, einer Nymphe vom nahegelegenen Taygetos. Die Periöken hoben sich also deutlich von den Heloten ab, die den größten Teil der unterworfenen Bevölkerung bildeten.

Seit der Antike macht man sich Gedanken über die Herkunft des Helotenwesens, ohne je zu einem gültigen Ergebnis gekommen zu sein. Etwas Ähnliches gab es auch in der übrigen griechischen Welt, in Kreta, Thessalien und in den Kolonialgebieten in Ost und West, doch darüber ist fast noch weniger bekannt, das zur Lösung des Rätsels der Heloten beitragen könnte. In der Antike war es fast immer üblich, die Bewohner der in Sklaverei geratenen Städte und Gegenden zu verkaufen, um sie auf diese Weise zu zerstreuen. In Lakonien gingen die Spartaner dagegen einen anderen, gefährlichen Weg und hielten ein ganzes Volk in seiner Heimat, auf eigenem, angestammten Gebiet, in Knechtschaft. Diese Methode wandten sie einige Zeit später erneut an, als sie, wahrscheinlich im 8. Jahrhundert, Messenien eroberten.

Da sie keine persönliche Freiheit besaßen, waren die Heloten im Grunde Sklaven, aber man muß sie in mancher Hinsicht von echten Sklaven unterscheiden, die der private Besitz ihrer Herren waren. Die Heloten waren einzelnen Personen zugeteilte Untertanen des spartanischen Staats, die keine Bewegungsfreiheit und kein Recht besaßen, ihr Leben selbst zu gestalten, aber sie besaßen gewisse Rechte, die ganz normal respektiert wurden. Ihre Hauptpflicht war die Arbeit in der Land- und Weidewirtschaft des jeweiligen spartanischen Herrn, an den sie gebunden waren und an den die Hälfte des gesamten Bodenertrags abgeführt werden mußte. Die Heloten behielten ihre eigenen Familienbeziehungen bei und lebten zum größten Teil in eng zusammenhängenden Gruppen, für die das Wort ‚Gemeinde' übertrieben wäre. So war ihr Fortbestand gesichert, und wir hören nie davon, daß Sparta jemals neue Heloten aus dem Ausland importieren mußte. Dieser Umstand allein unterscheidet sie schon deutlich von den Kaufsklaven, wie man sie überall findet.

Obwohl alle Fragen zur Herkunft des Helotentums offenbleiben –

wie es zum Beispiel dazu kam, daß man in Lakonien einen Trennungs-
strich zwischen Heloten und Periöken zog, den so unterschiedlichen
unterworfenen Ständen, oder wieso die Heloten Alleinbesitz der
Spartiaten wurden und nicht auch den Periöken zugeteilt wurden, die
wiederum echte Sklaven halten durften –, die Konsequenzen sind in
historischer Zeit deutlich genug. Wir werden sehen, daß die Heloten,
die verhältnismäßig zahlreicher waren als die Sklaven jedes anderen
griechischen Staates, einschließlich Athens, für Spartas einzigartiges
System und seine Außenpolitik grundlegende Bedeutung besaßen.

Nicht genug, daß wir wenig über Sparta im ‚Dunklen Zeitalter' wissen, ähnlich steht es mit der ganzen Frühzeit seiner gesellschaftlichen
Entwicklung. Hier läßt uns diesmal auch die Archäologie im Stich. Am
besten wenden wir uns deshalb sofort der archaischen Zeit zu, dem
frühen 7. Jahrhundert, und verzichten darauf, aus dem offenkundig
frei Erfundenen, das die spätere Überlieferung durchzieht – einschließlich der Überlieferungen, die später mit dem sagenhaften Gesetzgeber Lykurg verknüpft wurden –, sinnvolle Zusammenhänge
herauslesen zu wollen. Nicht daß unser Quellenmaterial für das Sparta des 7. Jahrhunderts reichhaltig wäre, aber es steht wenigstens auf fe-
stem Grund; einiges davon ist zeitgenössisch und ist Gegenstand der
normalen Überprüfung durch die historische Analyse. Wir besitzen
zum Beispiel die Fragmente des Lyrikers Alkman, an denen man deutlich sieht, daß Sparta damals noch an der allgemeinen kulturellen Entwicklung in Griechenland teilhatte, was sich später geändert hat. Dafür sprechen auch andere Anzeichen, wie archäologische Funde oder
die glaubhafte Überlieferung, Sparta habe eine führende Rolle in der
Entwicklungsgeschichte der griechischen Musik gespielt. Ob man nun
glaubt, daß es wirklich ein Lyder namens Terpander war, der Erfinder
der Lyra, der nach Sparta auswanderte und dort die Pflege der Musik
begründete, ist weniger wichtig. Den Liedfragmenten des Dichters
Tyrtaios entnehmen wir, daß Sparta im 7. Jahrhundert auch den Zu-
stand der chronischen *stasis* kannte, mit der es später ebenfalls vorbei
war. Zur *stasis* gehörten Kämpfe um die Verteilung von Land, politische Forderungen der Nichtadligen, bei denen das neue Hoplitenheer
ein entscheidender Faktor war, und Auseinandersetzungen mit anderen peloponnesischen Staaten, besonders Argos und Tegea, der führenden Stadt in Arkadien.

Dazu kommt die kuriose Geschichte der Gründung einer spartanischen Kolonie um 700 v. Chr. in Taras, dem heutigen Tarent, in Süditalien. Es gibt sogar zwei Fassungen davon, beide mit Varianten, die in der Antike heiß umstritten waren. Nach der einen Version (Strabon VI 3,2) wurden diejenigen Spartiaten, die nicht an den jahrelangen Eroberungskämpfen um Messenien teilgenommen hatten, von den zurückgekehrten Kriegern versklavt, während ‚Kinder, die während des Krieges geboren wurden, Parthenier hießen und ihrer Bürgerrechte beraubt wurden. Da die Parthenier aber zahlreich waren, wollten sie ihr Schicksal nicht hinnehmen und verschworen sich gegen den *demos*.‘¹ Der Anschlag wurde entdeckt, und das delphische Orakel riet, die Verschwörer nach Tarent zu verschiffen, wo sie Barbaren und Kreter antrafen, die sich dort schon niedergelassen hatten. In der anderen Fassung, die sich ebenfalls bei Strabon findet (VI 3,3), hatten die spartanischen Frauen, nachdem sich der Krieg bereits zehn Jahre hinzog, eine Abordnung zum Heer geschickt, um gegen die Entvölkerung zu protestieren, die die unvermeidliche Folge war. Die Besten der jungen Männer wurden nach Hause geschickt, um Kinder zu zeugen, aber als dann schließlich das ganze Heer heimkehrte, achtete man die ‚Parthenier nicht so hoch wie die anderen, sondern sah sie als illegitim an. Daraufhin verschworen sie sich mit Heloten und meuterten‘. Der Plan wurde von den Heloten verraten und schließlich läuft es wieder auf die Gründung von Tarent hinaus.

Eine spartanische Mitwirkung an der Gründung von Tarent ist also sicher, gleichgültig, wie man sich in den widersprüchlichen Geschichten zurechtfindet, aber es ist auch das einzige Mal, daß Sparta in die archaische Kolonisationsbewegung verwickelt war. Die Ursache dafür ist, daß Spartas Hoheitsgebiet, besonders nach der Eroberung von Messenien, außerordentlich ausgedehnt war. In Verbindung mit dem Perioken- und Helotentum liegt hier ein fundamentaler Unterschied zu dem für Griechenland sonst ‚typischen‘ Entwicklungsverlauf. Schließlich blieb Sparta nichts übrig, als einen ganz anderen Weg zu gehen als alle anderen Staaten. Die Wende kam im sogenannten Zweiten Messenischen Krieg, der nach der Überlieferung siebzehn Jahre dauerte und etwa ins dritte Viertel des 7. Jahrhunderts zu datieren ist. Messenien empörte sich, und die Spartaner sahen sich stark unter Druck gesetzt die Erhebung niederzuwerfen, vor allem deshalb, wie aus Tyrtaios hervorzugehen scheint, weil sich in den eigenen Reihen Unzufriedenheit, Tumulte und Aufruhr bemerkbar machten.

In diesen Kämpfen rief Tyrtaios nach *eunomia*, dem Gehorsam gegenüber den Gesetzen, die in den Augen mancher Griechen Spartas größte Tugend der klassischen Zeit werden sollte. (Es ist interessant, daß Tyrtaios in allen seinen mahnenden Worten zu Patriotismus und *eunomia* nie den Gesetzgeber Lykurg erwähnt.) Sobald Messenien wieder unterworfen war, gingen die Spartaner daran, eine gemeinsame Lösung ihrer drückendsten Probleme zu suchen, um die *stasis* im Innern zu beseitigen und die Heloten, die den Freien zahlenmäßig weit überlegen waren, fest im Griff zu behalten. Wir können die einzelnen Schritte nicht genau verfolgen, die diese Lösung schließlich herbeigeführt haben. Sie bedeutete einen Kompromiß zwischen den verschiedensten widerstreitenden Gruppen und Forderungen, der in den folgenden Jahrhunderten noch weiteren Veränderungen unterworfen war. Die Wissenschaft ist sich zum Beispiel über die Datierung und genaue Bedeutung eines wichtigen Dokuments uneinig, der sogenannten Großen Rhetra, die Plutarch in verderbtem Wortlaut und unklarem Zusammenhang erhalten hat (Lebensbeschreibung des Lykurgos, 6). Dieser kurze Text, wie man ihn auch immer interpretiert, in dem die Entscheidungsgewalt zwischen den Königen, dem Ältestenrat und der Versammlung aller Gleichen aufgeteilt wird, zeigt den ersten Fall in der griechischen Geschichte, in dem der Volksversammlung offiziell förmliche, wenn auch beschränkte Rechte zugestanden wurden, zu einem Zeitpunkt, der wahrscheinlich vor dem Zweiten Messenischen Krieg liegt. Kein Wort steht in der Rhetra über die Ephoren, die es schon gab und die dann um die Mitte des 6. Jahrhunderts zur einflußreichsten Exekutivgewalt in Spartas Regierung wurden. Schon an dieser einzigen Textstelle wird uns also deutlich, wie wenig wir überhaupt wissen, aber auch mit welchem Ausmaß der Entwicklung bei den spartanischen Institutionen gerechnet werden muß.

Nach Herodot (I 65) wurde die *eunomia* zur Zeit der Könige Leon und Agasikles, also im frühen 6. Jahrhundert, erreicht. Er schreibt: ‚Früher waren sie auch unter allen Griechen so ziemlich am schlechtesten regiert, sowohl in ihren inneren Verhältnissen als auch in ihren auswärtigen Beziehungen, in denen sie isoliert waren‘. Wenn das nicht jeglicher Grundlage entbehrt, müßte die Entstehung der überaus komplizierten spartanischen Gesellschaftsform, wie wir sie aus der Geschichte kennen, in die beiden Generationen nach dem Zweiten Messenischen Krieg fallen. Die männlichen Spartiaten oder die ‚Gleichen‘ gingen jetzt völlig in ihrer militärischen Bestimmung auf. Ihr Leben wurde im wesentlichen vom Staat geformt und war gänzlich dem Staat gewidmet. Sogar die Entscheidung darüber, ob ein männliches Kind aufzuziehen sei oder nicht, wurde den Eltern versagt und staatlichen Organen übertragen, eines der zahlreichen Mittel, mit denen man verwandtschaftliche Bande sinnbildlich und praktisch auf ein Minimum beschränkte, um eine Hauptursache von Loyalitätskonflikten zu beseitigen. Mit sieben Jahren wurden die Knaben dem Staat zur Erziehung übergeben, bei der es in erster Linie um körperliche Ertüchtigung, um militärische Ausbildung und um unbedingten Gehorsam ging. In ihrer Kindheit und Jugend durchliefen sie eine Reihe intimer, nach dem Alter zusammengestellter Gruppen. Für die Erwachsenen war die Bindung an ihre militärische Einheit und an ihre Speisegemeinschaft am stärksten. Diese Lebensordnung wurde durch verschiedene Rituale in bestimmten Stadien des Heranwachsens zum Mann bekräftigt.

Die Spartiaten konnten sich umsomehr auf ihren einzigen Daseinszweck konzentrieren, als sie aller wirtschaftlichen Sorgen und Tätigkeiten enthoben waren. Die Wirtschaft war Aufgabe der Heloten und Perioken, die jeweils auf ihre verschiedene Weise Nahrungsmittel und Waffen produzierten und die notwendigen Handelsgeschäfte führten. Die Heloten arbeiteten natürlich unter stärkstem Zwang, die Perioken genossen dagegen eine konkurrenzlose Monopolstellung, die weder durch Spartiaten selbst noch durch Leute von außerhalb beeinträchtigt wurde. Für Spartiaten war der Gebrauch von Münzgeld sogar verboten. Landesfremde wurden von der Wirtschaft ferngehalten, wenn nicht Perioken oder der Staat die Vermittlung übernahmen. Es liegt wahrscheinlich an dieser Situation der Perioken, daß wir selten von Unruhen unter ihnen hören, trotz der Abhängigkeit und der Verpflichtung zu Waffenhilfe. So ließe sich auch erklären, warum Sparta nie zu einer städtischen Gemeinde wurde. ‚Wenn Sparta zerstört würde,‘ schrieb Thukydides (I 10,2), ‚und nichts von ihm übrigbliebe als die Tempel und die Fundamente der Baulichkeiten, so würde man in späterer Zeit kaum glauben, daß die Macht Spartas seinem Ruf entsprochen habe ..., weil die Spartaner nach altgriechischer Weise in einzelnen Ortschaften lebten.'

Von Kindheit an wurden die Spartiaten zum Wettbewerb ermutigt. Man maß sich in Kühnheit und körperlicher Ausdauer, nicht im geistigen Wettstreit oder zu wirtschaftlichen Vorteilen. Dafür gab es eher Ehrenpreise als Belohnungen, doch immerhin auch einflußreiche Stellen und Führungspositionen. Schon im Alter von 18 Jahren konnte die Mitgliedschaft bei den *hippeis,* dem Elite-Jugendcorps, gewährt werden, die den Dienst in der königlichen Leibwache und die Ausführung geheimer Regierungsmissionen mit einschloß. Danach hatte man Aussicht, ein Militärkommando und schließlich einen Posten in der Regierung übernehmen zu können.

Die Spitze der Regierung bildete das erbliche Doppelkönigtum, eine schwer definierbare, anomale Institution. Das Nebeneinander zweier Königshäuser ist unerklärlich. Auf dem Schlachtfeld hatten die beiden Könige den Befehl über das Heer. Zuhause besaßen sie jedoch keine umfassende Königsgewalt und waren sogar den Ephoren Rechenschaft schuldig. Andererseits blieben ihnen aber bestimmte priesterliche Funktionen traditionell erhalten, auch hatten sie Anspruch auf verschiedene Nebeneinkünfte. Bei ihrem Tod wurden Trauerfeiern von solchem Umfang veranstaltet, die Herodot so fremdartig fand, daß er die königlichen Bestattungssitten mit denen der Barbaren Asiens verglich (VI 58). Die Könige gehörten *ex officio* der Gerusie an, einem Rat von 30 Alten, alle anderen über 60 Jahre und auf Lebenszeit gewählt. Hier haben die Könige aber offenbar nicht präsidiert oder bei Entscheidungen mehr Vorrechte besessen als jedes andere Mitglied. Ebensowenig führten die Könige bei der Heeres- oder Volksversammlung den Vorsitz, die offensichtlich keine Initiative ergreifen konnte oder auch nur Anträge abändern, die ihr vorgeschlagen wurden, aber nichtsdestoweniger in grundlegenden Fragen der Politik, die ihr vorgelegt wurden, das letzte Wort hatte. Außerdem gab es die fünf Ephoren, die alljährlich aus der gesamten Bürgerschaft für nur ein Jahr gewählt wurden und mit weitreichenden Vollmachten in Kriminalgerichtsbarkeit und allgemeiner Verwaltung ausgestattet waren.

Daß es zwei Königshäuser gab, zeigt allein schon, wie unvollkommen das Wunschbild einer Gesellschaft von ,Gleichen' in Wirklichkeit war. Die Verfassung hat die Autorität der Könige zwar beschränkt,

aber die Aura der Königsmacht verhalf den Ehrgeizigen und Fähige-
ren dazu, ihren Einfluß soweit zu vergrößern, daß das Gleichgewicht
der Kräfte innerhalb der Gesellschaft gefährdet war. Herodot verfolgt
uns geradezu mit Geschichten über die Bestechlichkeit der spartanischen Könige. Als Aristagoras, der Tyrann von Milet, der um die Unterstützung Spartas beim Aufstand der Jonier gegen die Perser bat,
sein Angebot an Kleomenes I. von 10 auf 50 Talente gesteigert hatte,
konnte der König der Versuchung nur widerstehen, weil seine acht-
oder neunjährige Tochter Gorgo rief: ‚Vater, der fremde Mann wird
dich ruinieren, wenn du nicht schnell hinausgehst‘ (V 51). Es gab auch
Ephoren, denen die üppigen Vollmachten zu Kopfe stiegen, die sie im
Jahr ihrer Amtsführung so weit wie möglich auskosteten. Aristoteles
schreibt: ‚Und so gelangen denn oft sehr arme Leute in diese Behörde,
die schon vielfach eben um ihrer Armut willen bestechlich waren.‘
Aber da ihre Macht so groß war, ‚sahen sich auch die Könige gezwungen, ihnen zu schmeicheln‘ (Politik 1270 b 7–15).

Das könnte alles auch stark übertrieben sein, oder sich, im Fall von
Aristoteles, auf das 4. Jahrhundert, die Zeit des Niedergangs Spartas,
beziehen. Wir sehen aber jedenfalls, daß es mit der spartanischen
Strenge in Wirklichkeit nicht so genau genommen wurde. Dazu
kommt, daß die ‚Gleichen‘ nicht alle gleich wohlhabend waren. Manche besaßen sogar genügend Mittel, um an den olympischen Wagenrennen teilnehmen zu können, was bei der griechischen Aristokratie
als höchstes Zeichen außerordentlichen Wohlstands galt. Erhaltene
Verzeichnisse nennen zwischen 550 und 400 v. Chr. die Namen von
neun Siegern aus Sparta, mit insgesamt zwölf Siegen. Darunter ist einmal ein Königsname, Damaratos, und zweimal erscheint Arkesilaos
als Sieger, zwanzig Jahre später gefolgt von seinem Sohn. Es ist sehr
unwahrscheinlich, daß derart reiche Leute ihre Mittel nicht dazu verwendet haben sollten, bei Wahlen ihre eigenen Interessen oder die ihrer Söhne in jeder Hinsicht zu verfolgen. Schwer vorzustellen ist auch,
wie es bei einer Tagung der spartanischen Volksversammlung wirklich
zuging, die ja keine heterogene Körperschaft wie die athenische
Volksversammlung war, sondern das Treffen (in anderer Funktion)
eines hochdisziplinierten Heeresverbandes, dem Gehorsam ein Leben
lang als oberste Tugend hingestellt worden war. Kann man annehmen, daß diese Männer den Debatten unvoreingenommen gefolgt

sind, ohne sich durch den Rang der Sprecher innerhalb der Heeres-
hierarchie oder ihre Heldentaten auf dem Schlachtfeld beeinflussen
zu lassen?

Die Antworten darauf müssen spekulativ sein, denn unsere antiken
Gewährsmänner interessieren sich für derartige Fragen nicht. Innere
Konflikte werden in den geschichtlichen Berichten zumindest für das
6. Jahrhundert nur dann sichtbar, wenn die beachtenswerten Karrie-
ren einiger Persönlichkeiten beschrieben werden, was fast immer
mit Außenpolitik zusammenhängt. Herodot erzählt ausführlich (V
39–40), wie zunächst die Ephoren, dann auch die Ältesten den kinder-
losen König Anaxandridas beschworen, sich von seiner Frau zu tren-
nen, um das königliche Geschlecht nicht aussterben zu lassen. Sie
drohten ihm mit im einzelnen nicht genannten Maßnahmen, die die
Spartaner gegen ihn ergreifen würden, wenn es bei seiner hartnäcki-
gen Weigerung bliebe. Aber Konflikte wegen weitreichender Angelegenheiten oder wegen Machtfragen und etwas von den tatsächlichen
Mechanismen der Politik wurden erst dann deutlich, als König Kleomenes I. (um 520–490) seine politischen Erfolge und diplomatischen
Machenschaften nutzte, um die spartanische Politik auf aggressive
und gefährliche auswärtige Abenteuer auszurichten.

Die antiken Autoren stimmen darin überein, daß das Helotensy-
stem der Schlüssel zur spartanischen Außenpolitik war. Um die Heloten in Schach zu halten, mußte Sparta nicht nur den Frieden auf der
Peloponnes bewahren, denn ein feindlicher Staat hätte die Heloten zu
Aufruhr veranlassen können, sogar unabsichtlich einfach dadurch,
daß zuviel spartanische Wehrkraft abgezogen war. Sparta mußte auch
sehr vorsichtig sein, wenn es Truppen über die Peloponnes hinaus-
schickte. Seine Politik war nicht immer defensiv und expansionslos gewesen. Aber eine Niederlage durch Tegea und die Unfähigkeit, Argos
zu erobern, scheinen schließlich um die Mitte des 6. Jahrhunderts den
Beginn einer neuen Politik bewirkt zu haben. An die Stelle von Kriegen und Eroberungszügen traten nun Verteidigungsbündnisse und
Nichtangriffspakte, wobei freilich Gewalt angewendet wurde, um
Bündnisse nötigenfalls zu erzwingen oder sie gegen Treuebrüche ab-
zusichern. Gegen Ende des Jahrhunderts war eigentlich fast die ganze
Peloponnes in dieses System einbezogen, mit Ausnahme des allzu
mächtigen Argos und Achaias, das zu abgelegen und unbedeutend

war. Um die Bündnisse noch mehr zu festigen, unterstützte Sparta befreundete Parteien in den verbündeten Staaten, die gewöhnlich Oligarchien waren, und erwarb allmählich den unverdienten Ruf, aus Prinzip ein geschworener Feind der Tyrannis zu sein. In Wirklichkeit war Spartas Verhalten den Tyrannen gegenüber opportunistisch und mehr von eigennützigen Interessen bestimmt als von Grundsätzen und Moral. Sparta unternahm zum Beispiel nichts gegen Korinth und Megara, die von Tyrannen regiert wurden, intervenierte aber entschlossen, um im Jahre 510 die Vertreibung des Hippias aus Athen herbeizuführen.[2]

Das Athener Abenteuer erscheint in unseren Quellen als Teil der Geschichte Kleomenes' I., die die Person des Königs selbst besonders hervorhebt. Vielleicht war er der Hauptbefürworter oder sogar Initiator dieser Politik, zweifellos aber unternahm er den Marsch auf Athen in offizieller Eigenschaft und mit öffentlicher Billigung. Dann gab es Schwierigkeiten, weil zwei Parteien in Athen wegen der Tyrannennachfolge in einen Bürgerkrieg gerieten. Kleomenes kam zurück, um die eine, von Isagoras geführte Partei gegen die des Kleisthenes zu unterstützen. Er erlitt eine Niederlage, verließ Athen und kehrte noch einmal mit einem durch Verbündete vergrößerten Heer wieder. Als diese Truppen erfuhren, wozu sie aufgeboten waren, meuterten sie unter der Führung von Korinth und erklärten, eine Einmischung in athenische Angelegenheiten, die sie ohnehin nichts angingen, sei unberechtigt. Damaratos, Spartas anderer König, bestärkte sie darin, und der ganze Vorfall endete für Kleomenes mit einem folgenschweren Fiasko.

Von nun an beriet man sich mit den Verbündeten bei mehr oder weniger offiziellen Zusammenkünften, die immer dann einberufen wurden, wenn es um militärische Unterstützung ging oder wenigstens eine größere gemeinsame Operation geplant war. Aus lose geknüpften Beziehungen zwischen Sparta einerseits und jedem seiner Verbündeten andererseits wurde jetzt nahezu ein echtes Bündnis. Die Historiker sprechen heute in der Tat vom Peloponnesischen Bund, obwohl es bei den Griechen stets ,die Spartaner und ihre Verbündeten' hieß und zu verschiedenen Zeiten auch Staaten außerhalb der Peloponnes dazugehörten, wie Megara, Aigina und Athen. In mancher Hinsicht geht der moderne Ausdruck auch zu weit, denn der ,Bund' war organisatorisch kaum entwickelt und hatte es nicht einmal zu einem Schatz gebracht. Zusammenhalt und Schlagkraft waren von Jahrzehnt zu Jahrzehnt und von Fall zu Fall verschieden. Aber der Zusammenschluß war immerhin konkret genug, um Sparta mit den notwendigen zusätzlichen Streitkräften zu versehen und ihm daheim den Frieden zu sichern, wodurch es zur größten bewaffneten Macht in Griechenland werden konnte und zum gemeinsamen Anführer der Griechen gegen die persischen Angreifer.

10. Athen

Attika, insgesamt etwa 2600 qkm groß, ist geographisch eine typisch griechische Landschaft; zwar ist es weniger fruchtbar als Messenien, das eines der ertragreichsten Gebiete war, aber es besitzt immerhin weite Ebenen mit gutem Boden. Zwei Dinge sind besonders wichtig: Attika besaß im Süden und Osten eine beachtliche Küstenlinie, an der Schiffe anlegen konnten, und im Südosten, bei Laurion, reiche, schon in der Bronzezeit erschlossene Silbervorkommen, die in der archaischen Zeit vom 9. Jahrhundert an ausgebeutet wurden. Doch fällt nichts auf, das die frühe, außergewöhnliche politische Einigung des Gebiets begünstigt haben könnte. Ethnische Argumente bieten ebenfalls keine ausreichende Erklärung. Das Nachbarland Boiotien zum Beispiel war politisch nie geeint.

Athen war nicht nur – nächst Sparta – territorial der größte Stadtstaat Griechenlands, sondern es war – im Gegensatz zu Sparta – ein Staatsgefüge geworden, das keine Unterworfenen aus dem eigenen Land kannte, weder Periöken, geschweige denn Heloten. Alle freien Bürger Attikas waren gleichermaßen Athener, ob sie nun in der Hauptstadt, in Marathon, Eleusis oder irgendwo auf dem Lande lebten. Die scharfen Klassenunterschiede waren nicht durch regionale oder ethnische Besonderheiten begründet, denn es gab sie in allen Gemeinden und Gegenden des Landes. Die Sklaven kamen von außerhalb. In einem so ausgedehnten Staatsgebiet mußten freilich größere ‚Dörfer‘, wie Marathon, ein halbwegs unabhängiges Eigenleben führen, mit eigener Agora, Dorfbeamten, Tempeln und Kulten. Aber diesen sogenannten Regionalismus, wie man heute gelegentlich dazu sagt, sollte man nicht überbewerten. Der Unterschied zu der schon erwähnten viel typischeren Situation in Boiotien und seinen zwölf unabhängigen, häufig gegeneinander kämpfenden Stadtstaaten, muß dagegen besonders herausgestellt werden. Die Athener waren sich wohl bewußt, daß sie in dieser Hinsicht eine Ausnahme darstellten und schrieben die Einigung Attikas, oder *synoikismós,* wie sie sagten, be-

zeichnenderweise einer einzigen heroischen Gestalt zu, ihrem König
Theseus, dem wir schon begegnet sind. Daß hier, wahrscheinlich im
6. Jahrhundert, eine mythische Deutung versucht wurde, geht aus der
vagen, anachronistischen Darstellung hervor, die sich bei Thukydides
findet (II 15–16). Ohne Theseus, einer Art von ‚neuem Herakles‘,
fehlten uns alle Anhaltspunkte dafür, daß Attika zu irgendeiner Zeit
einmal *keine* Einheit war (obgleich es allenfalls Grenzstreitigkeiten in
Gegenden wie Eleusis gegeben haben konnte), mit der gleichen politischen Entwicklung während der Bronzezeit und der ‚Dunklen Jahrhunderte‘ – mykenische Königsherrschaft, Zusammenbruch, dann
Häuptlingsherrschaft des ‚Dunklen Zeitalters‘ und schließlich Aristokratie – wie wir sie schon von anderen griechischen Staaten kennen.
Der einzige Unterschied liegt in der Größe, für die wir wiederum keine bessere Erklärung als die mythische wüßten.[1]

Athen hat an der Kolonisation ebenfalls nicht teilgenommen. Obwohl wahrscheinlich auch Athener vereinzelt ausgewandert sind,
kann die Stadt im Gegensatz zu Sparta nicht einmal mit einer Gründung wie Tarent aufwarten. Vielleicht sorgte das eigene weite Territo-
rium für jenen Ausweg, den andere Staaten außerhalb des Landes suchen mußten. Außerdem läßt die seit Beginn des protogeometrischen
Stils ununterbrochene keramische Produktion einen überdurch-
schnittlich hohen gewerblichen Entwicklungsstand erkennen, der als
zusätzliches Sicherheitsventil bei Übervölkerung und bei Krisen der
Landwirtschaft gewirkt haben könnte. Schließlich konnte aber auch
Athen der allgemeinen *stasis* des archaischen Griechenland nicht ent-
gehen, mit den gleichen Problemen, den gleichen widerstreitenden
gesellschaftlichen Gruppen und dem gleichen Ruf nach dem Tyrannen. Die wirtschaftliche und politische Vorherrschaft der Eupatriden,
der ‚Söhne edler Väter‘, wie die athenische Aristokratie genannt wurde, war in der 2. Hälfte des 7. Jahrhunderts, als die Krise offenbar
überraschend auftrat, aus den Reihen des Adels und durch die unteren
Schichten bedroht.

Das erste Ereignis, von dem wir hören, war der fehlgeschlagene
Versuch eines Adligen namens Kylon, um 630 eine Tyrannis zu errichten. Später gab die athenische Geschichtsschreibung vor, Kylon
sei hauptsächlich von außen her unterstützt worden, besonders durch
seinen Schwiegervater Theagenes, den Tyrannen von Megara, und

die Athener hätten massiven Widerstand geleistet. Weiter heißt es, das Eupatridengeschlecht der Alkmeoniden habe Fluch auf sich geladen, indem es das Versprechen freien Geleits brach und Kylons Anhänger erschlug. Es liegt auf der Hand, daß diese Darstellung verzerrt ist. Die Tyrannen fanden immer auch im Lande selbst genügend Rückhalt. Sogar die Athener mußten es zulassen, daß das Volk eine Generation später Solon beschwor, die Rolle des Tyrannen zu übernehmen. Andererseits sind Familienbande zwischen Kylon und Theagenes nicht unwahrscheinlich, denn solche Ehen waren ein wichtiger Faktor für die Beziehungen zwischen den Städten, und nur wenige aristokratische Familien hätten gezögert, einen Tyrannen als Schwiegersohn oder Schwiegervater zu akzeptieren. Bei dem Massaker, das auf Kylons Kapitulation folgte, könnte es sich um eine jahrelange Blutrache gehandelt haben, aus der man vielleicht die schattenhafte Gestalt Drakons begreifen kann. Seine Gesetzgebung soll 621 erfolgt sein, ‚nicht mit Tinte, sondern mit Blut geschrieben‘, wie eine spätere feindliche Tradition darüber berichtet (Plutarch, *Solon* 17,2), eine Tradition, die bemerkenswerterweise keine konkreten Daten enthält. Drakons Leistung bestand wahrscheinlich in der Aufzeichnung von Gesetzen zu Kapitalverbrechen. Davon waren einige noch am Ende des 5. Jahrhunderts gültig, und das wenige Überlieferte zeigt vor allem, daß versucht wurde, die althergebrachte private Blutrache zu beenden. Das auf Kylon folgende Blutvergießen könnte hierfür ausschlaggebend gewesen sein. Eine vollständige Kodifizierung des Rechts durch Drakon gehört dagegen mit Sicherheit ins Reich der Fabel. Dazu kam es erst eine Generation später durch Solon.

Für Solon besitzen wir zum ersten Mal urkundliches Material, wenn es auch wenig ist. Er war selbst ein ziemlich produktiver Autor, den vor allem ethische und politische Fragen bewegten. Wie alle Schriftsteller dieses fast noch analphabetischen Zeitalters schrieb er nicht Prosa, sondern Verse, die jahrhundertelang fortlebten. Einige längere Zitate sind bis heute erhalten geblieben. Auch der Originaltext seiner auf hölzerne Tafeln geschriebenen Gesetze blieb über viele Jahre bestehen, obgleich aufgrund der verworrenen Quellenlage einzelne Probleme in der Fachwelt umstritten sind, etwa die Frage, bis wann die Texte zugänglich waren.

Solon, der einer Eupatridenfamilie entstammte, wurde 594 zum

Archon, dem höchsten Staatsamt, berufen, mit umfassenden Vollmachten ausgestattet, um der *stasis* durch eine grundlegende Reform des Rechts und des politischen Systems ein Ende zu machen. Die Umstände seiner Wahl sind bezeichnend. Er griff nicht nach der Macht, sondern er wurde gerufen, ein Beweis, daß es genügend Angehörige der Aristokratie selbst gab, die zu größeren Zugeständnissen gegenüber den lautstarken Ansprüchen der Opposition bereit waren, zu der viele Bauern in Knechtschaft und Klientel gehörten (s. Kapitel 8). Die einzige Hoffnung auf einen erfolgreichen Kompromiß lag bei einem Adligen, der sich für die Armen einsetzte. Wir wissen aus Solons frühen Gedichten, daß er der Habgier und Brutalität der Reichen die Schuld am Bürgerkrieg gab, und er scheint das auf der Agora in öffentlichem Vortrag zum Ausdruck gebracht zu haben.

> ‚Ungerecht sind die Herzen derer, die das Volk regieren, die eines Tages wegen ihres großen Übermuts *(hybris)* leiden werden. Denn sie wissen ihre Maßlosigkeit nicht zu zügeln ... Sie bereichern sich durch Unrechtstaten, stehlen der eine hier, der andere dort, achten weder geheiligtes noch öffentliches Gut ...‘ (zitiert bei Demosthenes XIX 255)

Die Armen zeigten sich erkenntlich, indem sie ihn bestürmten, sich zum Tyrannen aufzuwerfen. Das lehnte er ab, übernahm aber das mit Sonderbefugnissen verbundene Archontenamt und steuerte einen schwierigen Kurs zwischen den radikalen Forderungen der Bauernschaft und dem unnachgiebigen Flügel der Adelspartei.

Seine erste Tat, die sogenannte *seisáchtheia* oder ‚Lastenabschüttelung‘, galt dem Grundproblem der Bauernknechtschaft. Schulden wurden erlassen und die vielen Athener in Freiheit gesetzt, die unfreiwillig zu *hektemóroi* herabgesunken waren, das heißt zu Teilpächtern, oder Hörige infolge Verschuldung geworden waren. Andere Bauern wurden zurückgebracht, die sogar nach außerhalb des Landes in die Sklaverei verkauft waren. Solon schuf ein neues Gesetz, das für alle Zukunft Verpfänden des Leibes eines freien Mannes oder einer Frau als Sicherheit für ein Darlehen verbot. Er unterließ jedoch den revolutionärsten Schritt, nämlich die Enteignung großer Güter zur Umverteilung an die ärmsten Bauern und Landlosen. Dennoch hat Aristoteles mit Recht zuerst die *seisáchtheia* genannt, als er Solons Maßnah men zugunsten des Volks aufzählte (Staat der Athener 9,1). Ein freier Bauernstand war danach die Grundlage der athenischen Gesellschaft, solange sie als unabhängige *polis* bestand. Natürlich wies die Lage der Bauern noch immer ernste Mängel auf, aber sie waren von nun an vor den traditionellen Formen der persönlichen Ausbeutung sicher. Diesen Schutz verstärkte Solon weiter durch Reformen im Verfahren der Rechtsprechung und die Kodifizierung der Gesetze, eine Tat, die Klarheit, Gewißheit und öffentliche Kenntnis des Gesetzes in die Gemeinde einführte.

Im Bereich der Verfassung war das nötige Gleichgewicht schwerer herzustellen, denn auf diesem Gebiet herrschten sogar Streitigkeiten innerhalb der führenden Schichten selbst. Solons entscheidende Maßnahme war die Einführung einer Hierarchie allein auf Besitzgrundlage. Die Bürgerschaft wurde ihrem Vermögen entsprechend in vier Klassen geteilt, das Vermögen aber, wohlgemerkt nicht in Geld, sondern in Bodenerträgen gemessen. Die höchsten Ämter mit einjähriger Laufzeit waren Angehörigen der ersten Klasse vorbehalten, deren Land trockene oder flüssige 500 Maßeinheiten produzierte.[2] Das Archontenamt, das dazu zählt, eröffnete den Zugang zum Rat des Areopags, der traditionsreichen Körperschaft, der man lebenslang angehörte. Sie führte die nicht im besonderen definierte Aufsicht über die Staatsangelegenheiten (ähnlich dem römischen Senat) und wurde von Solon beibehalten. Den beiden folgenden Klassen standen weniger wichtige Ämter offen, darunter vermutlich der Rat der 400, den Solon einführte. Der Rest, die *Theten*, die im Jahr weniger als 200 Maßeinheiten produzierten, mußten sich mit der Zulassung zur Volksversammlung begnügen.

Man überlegt sich immer wieder, wie die Volksversammlung und der Rat der 400 im Bereich von Gesetzgebung und Politik arbeiteten, aber außer einer bedeutenden Neuerung verraten die Quellen wenig. Die Volksversammlung konnte nämlich bei bestimmten Prozessen die den Magistraten übergeordnete Berufungsinstanz sein. Der Reformgedanke und die Wirkung der Reformen sind jedoch völlig deutlich. Die reichsten Bürger wurden in die höchsten Ämter und in den Areopag wählbar und brachen damit das Vorrecht der Eupatriden, ohne sie freilich aus einflußreichen Machtpositionen verdrängen zu können, denn zweifellos bildeten sie noch immer die Mehrheit der Großgrundbesitzer. Die mittleren Schichten, darunter die Hopliten mit ausreichendem Landbesitz, wurden zum ersten Mal an der Regierung beteiligt. Sogar die Armen in Stadt und Land wurden als aktiver Teil des gesamten *demos* anerkannt, obwohl ihre Stellung äußerst eingeschränkt war. So waren die tiefen Risse, die aus der anfänglichen *polis* keinen lebensfähigen Staat werden ließen, jetzt verengt worden, aber sie hatten sich noch nicht geschlossen.

Solon war dann für lange Zeit aus Athen weggegangen, denn er fürchtete, sein Bleiben könnte die unzufriedenen Radikalen veranlassen, ihn zu weiteren Neuerungen oder in die Rolle des Tyrannen zu pressen. Das Parteiengezänk dauerte indessen an. Zweimal gelang es nicht, das Archontenamt zu besetzen. Nach 580 v. Chr. hören wir nichts mehr von solchen Widrigkeiten, vermutlich weil sich die wohlhabenden Schichten, Eupatriden wie Bürgerliche, nun überwiegend mit dem neuen Verfassungsapparat ausgesöhnt hatten. Aber dieser allein konnte noch keinen inneren Frieden bewirken. Die *stasis* war nicht mit einem Federstrich zu beseitigen. Solon hatte den persönlichen Status der Bauernschaft ein für allemal gesichert, nicht aber ihre wirtschaftliche Lage. Die Stadt konnte den Besitzlosen und all jenen, die auf dem Land ihr Auskommen nicht fanden, offenbar auch keinen Lebensunterhalt bieten. Forderungen und Gegenforderungen wurden ehrgeizigen Aristokraten in die Hände gespielt, die sich im ständigen Wettlauf um Ehre, Macht und Reichtum auf Anhängerschaft und Gefolgsleute stützen konnten. Schließlich setzte sich ein Mann an die Spitze und führte aus, was Solon zu verhindern gesucht hatte. Nach der Überlieferung hat Peisistratos, ein einflußreicher Aristokrat, 561 den ersten Versuch unternommen. Seine Familie behauptete, auf den homerischen Nestor zurückzugehen; er selbst hatte sich im Krieg mit Megara ausgezeichnet. Nach einiger Zeit vertrieben, wagte er einen zweiten Anlauf, wurde wieder verjagt und hatte endlich im Jahre 545 Erfolg. Er regierte dann bis zu seinem Tod 527; auf ihn folgte sein Sohn Hippias, dessen Alleinherrschaft erst 510, durch den Einmarsch eines spartanischen Heeres, ein Ende fand (s. Kapitel 9).

Es gibt keine zeitgenössischen literarischen Zeugnisse zur Tyrannis der Peisistratiden. Die erste Darstellung findet sich bei Herodot, der um die Mitte des folgenden Jahrhunderts schrieb, als jeder rechtdenkende Grieche unweigerlich die Tyrannis und alle Tyrannen als äußerstes Übel verdammen mußte. Umso aufschlußreicher ist es daher, daß Herodot und ernsthafte Autoren aus späterer Zeit Peisistratos übereinstimmend als Ausnahme ansahen, als ,guten Tyrannen', soweit das kein Widerspruch in sich selbst ist. ,Peisistratos führte die Regierungsgeschäfte in maßvoller Weise, mehr als ein Bürger denn ein Tyrann.' (Aristoteles, Staat der Athener 16,2). Als sein Erfolgsrezept bezeichnen die Schriftsteller allgemein, daß Vater und Sohn die solonische Verfassung unverändert beibehielten und nur darauf achteten, alljährlich ein Mitglied aus ihrer Familie oder ihrer Anhängerschaft zum Archon wählen zu lassen. Man sollte solche Äußerungen nicht unkritisch auffassen, obwohl die bloße Tatsache zweifellos zutraf. Peisistratos scheint seinen ersten Putschversuch mit so viel Unterstützung unternommen zu haben, wie er sie innerhalb von Attika finden konnte. (Es ist nicht sicher, ob die Tradition zu Recht von zwei gescheiterten Versuchen spricht.) Das dritte Mal kehrte er jedoch, gestützt auf Hilfsmittel, die aus den Silberminen des thrakischen Pangaion stammten, mit einer Söldnertruppe zurück, die er als Leibwache in seiner Burg auf der Akropolis behielt. Seine unversöhnlichen Gegner wurden umgebracht oder außer Landes verwiesen. Auf diese Weise gesichert, konnte er es sich leisten, der Volks- und der Ratsversammlung, den Magistraten, Gerichten und sogar dem Areopag das Weiterbestehen zu gestatten. Auf der anderen Seite konnte ihn niemand zwingen, ,konstitutionell' zu regieren. Daß er sich dafür entschied, ist ein Maßstab für seine politische Intelligenz und schließlich eine Erklärung für den Platz, den er in der Entwicklung des athenischen Staates eingenommen hat.

Wie die genauen Beziehungen zwischen den Peisistratiden und den anderen aristokratischen Geschlechtern Athens in den 35 Regierungsjahren wirklich gewesen sind, ist schwer zu definieren. Wenn spätere Berichte von unsterblicher Feindschaft etwa seitens der Alkmeonidenfamilie sprechen, könnte hier *post factum* der Versuch gemacht sein, den freundschaftlichen Umgang mit dem damaligen Tyrannenhaus aus der Familiengeschichte zu tilgen. Die Alkmeoniden wagten zwar 513 ein Attentat gegen Hippias, das fehlschlug, aber zuvor hatte Kleisthenes, ein Mitglied ihrer Familie, unter Hippias das Archontenamt innegehabt, und noch früher war seine Schwester mit Peisistratos verheiratet gewesen. Zwiespältig und wechselhaft erscheint auch das

Verhältnis zwischen den Peisistratiden und der Familie des Miltiades. Diese hatte sich durch Heirat mit den Kypseliden verbunden, den Tyrannen von Korinth, während die Mutter des Kleisthenes, nach dem uns schon im Zusammenhang mit Kylon aus dem 7. Jahrhundert vertrauten Muster, eine Tochter des Tyrannen von Sikyon war. Eine andere Gemahlin des Peisistratos war eine Aristokratin aus Argos, die vorher die Frau eines Tyrannen in Ambrakia gewesen war, der zur Kypselidensippe gehörte. Andere Beziehungen der Peisistratiden reichen nach Euboia, Thrakien, Makedonien, Thessalien und zu Lygdamis, dem Tyrannen von Naxos. Wenn Aristoteles in seinem *Staat der Athener* (16,9) verallgemeinernd sagt, der größte Teil des Adels und ebenso des Volkes habe hinter Peisistratos gestanden, so könnten wir, was den Adel betrifft, sogar auswärtige Beziehungen mit einschließen.

Obwohl der griechischen Aristokratie damals die Oligarchie wahrscheinlich lieber gewesen wäre als die Alleinherrschaft eines der ihren, wurde diese Vorliebe selten zum Grundsatz erhoben. Die Kontroversen zwischen Tyrannen und einer aristokratischen Persönlichkeit oder Familie hatten hauptsächlich Ehrenhändel und Statusfragen zum Anlaß. Selbst beim Mord an Hippias' jüngerem Bruder Hipparch, im Jahre 514, dem eine Verhärtung der Tyrannis zu einer mehr despotischen Herrschaft folgte, galt Eifersucht, entstanden aus einer päderastischen Beziehung, als treibende Kraft. Später, als die öffentliche Meinung rückblickend die Tyrannis als Schande brandmarkte, machten die Athener die beiden Mörder, Harmodios und Aristogeiton, zu Helden der Nation.

Die athenische Aristokratie erlitt jedoch unter den Peisistratiden einen dauernden Rückschlag. Es ließ sich nicht mehr ungeschehen machen, daß die Solonische Gesetzgebung, wenngleich unter ständiger Aufsicht des Tyrannen, seit 35 Jahren in Gebrauch war, um so weniger, als Athen damals eine Epoche des Friedens und wachsenden Wohlstands erlebte. Den führenden Familien blieben zwar noch immer die höchsten Ämter vorbehalten, und sie unterhielten weiterhin auswärtige Beziehungen, aber im Laufe der Zeit wurden sie gezähmt, genötigt und zunehmend gewöhnt, sich in den Rahmen der Gesetzmäßigkeit einzupassen, der die früheren Zwistigkeiten im Zaum hielt. Als Hippias 510 von den Spartanern ins Exil geschickt worden war, versuchte ein Teil der Aristokraten unter Führung des Isagoras, die gute alte Zeit wieder aufleben zu lassen. Sie wurden nach zweijährigem Bürgerkrieg besiegt, worauf Kleisthenes die Verfassung reformierte und die institutionellen Grundlagen zur athenischen Demokratie schuf. Dabei kam ihm zweifellos eine Art von ,Nationalbewußtsein' zugute, zu dem die Tyrannen tatkräftig und wirksam beigetragen hatten. Sie errichteten auf der Akropolis einen großen Tempel der Athena, der 480 von den Persern zerstört, aber später durch den Parthenon ersetzt wurde, und begannen mit dem Bau eines Tempels für den Olympischen Zeus. Sie förderten und bereicherten die großen Kulte durch die Einführung von Homerrezitationen bei den Panathenäen, dem Geburtstagsfest der Athena, und den alljährlichen Wettstreit tragischer Chöre bei den Großen Dionysien. Die Tyrannen haben im allgemeinen die Künste gefördert und Dichter und Musiker von außerhalb an ihren Hof nach Athen geladen.

Man sollte die Wirkung dieser kulturellen Kräfte nicht übersehen, selbst wenn sie nicht meßbar sind und es gewiß ebensosehr Wunsch des Tyrannen war, seinen Ruhm zu mehren wie das Nationalgefühl zu stärken. Diese Wirkung zeigte sich zum Teil in der Wirtschaft. Athen war noch immer überwiegend eine Agrargesellschaft und als Prüfstein der wirtschaftlichen Stabilität galten die Zustände auf dem Land. So wenig wir wissen, was die Peisistratiden dort außer der Unterstützung bewirkten, die sie bedürftigen Bauern in Form von Darlehen zu günstigen Bedingungen gewährten, das Beweismaterial des ganzen folgenden Jahrhunderts deutet darauf hin, daß die Bildung eines fest und dauerhaft verwurzelten Klein- und Mittelbauernstandes in die Zeit der Tyrannis fiel. Das wäre schwieriger oder unmöglich gewesen, wenn der städtische Wirtschaftsbereich nicht einen beachtlichen Aufschwung erlebt hätte, der unter anderem für die landlosen Kleinbauern einen Ausweg bedeutete.

Das große Interesse an öffentlichen Bauten und Festen förderte das Wachstum der Staatswirtschaft ebenso wie das bemerkenswerte Aufkommen feinbemalter attischer Töpferware, die um die Mitte des 6. Jahrhunderts innerhalb kurzer Zeit tatsächlich eine Monopolstellung unter den griechischen Keramikexporten in andere griechische Städte, in die Kolonien des Westens und zu den Etruskern errang. Das athenische Münzwesen ist ein weiteres Zeichen für Wirtschaftswachstum. Wir wissen zwar nicht genau, seit wann in Athen Silbermünzen geprägt wurden, aber der entscheidende Schritt zu den berühmten ‚Eulen‘, der einzigen wirklich internationalen griechischen Währung, vollzog sich unter der Regierung des Peisistratos oder seines Sohnes. Mit der Eröffnung neuer Aussichten für Handel und Gewerbe kamen schließlich immer mehr Griechen aus anderen Städten nach Athen, das zu einem panhellenischen Kulturzentrum aufblühte.

Später, im Rückblick, haben die Athener in Solon den Mann gesehen, der sie auf den Weg zur Demokratie führte, während Peisistratos und Hippias ein unerfreuliches, wenig respektables Zwischenspiel darstellten. Lassen wir aber moralische Wertungen, berechnende oder in die Zukunft weisende Überlegungen beiseite, so scheint die Tyrannis für Athens Weg in die Demokratie eine ebenso wichtige historische Rolle gespielt zu haben.

11. Die Kultur des archaischen Griechenland

Obwohl die Griechen über weite Gegenden verstreut lebten und politisch völlig zersplittert waren, wahrten sie die tiefverwurzelte Überzeugung, einer gemeinsamen und einzigartigen Kultur anzugehören. Herodot (VIII 144) sagt dazu: ‚gleichen Bluts und gleicher Sprache haben wir dieselben Heiligtümer und Opfer und dieselben Sitten.‘ Das trifft zu und ist umso erstaunlicher, weil es keine politische oder geistliche Zentralgewalt gab, weil die kulturelle Überlieferung auch nach dem Ende der archaischen Zeit noch überwiegend mündlich erfolgte und die einzelnen Staaten ihre vielfältigen Probleme in Politik und Kultur höchst erfinderisch zu lösen verstanden. Am aufschlußreichsten ist wohl, wie schnell sich eine neue Idee verbreiten konnte. Das phönikische Alphabet ist ein frühes Beispiel dafür, andere sind der aus Rat, Magistrat und Volksversammlung zusammengesetzte Regierungsapparat, der ‚dorische‘ Tempel *(Abb. 30)* und das Münzwesen. Es war offenbar unwichtig, ob eine ‚Erfindung‘ aus Griechenland stammte oder von auswärts entliehen war. Sobald sie sich für die griechische Gesellschaft als brauchbar und mit den lokalen Gegebenheiten vereinbar erwies, wurde ihr Wert umgehend überall in der griechischen Welt anerkannt.

Ein einigendes Band waren die Mythen. Die Griechen besaßen einen reichen Mythenschatz. Allen Feiern, Kultzentren und Stadtgründungen lagen mythische Traditionen zugrunde, jede Naturerscheinung, den Lauf der Sonne, die Gestirne, Flüsse, Quellen, Erdbeben und Seuchen brachte man mit Mythen in Verbindung, die viele Funktionen hatten: sie wirkten erklärend, belehrend und wegweisend. Die archaischen Griechen wurden durch Mythen ihrer Vergangenheit gewahr, erfuhren mit anderen Worten durch sie ihre Geschichte. Durch sie wurden ihre Feiern, Feste und ihr Glaube sowie der Autoritätsanspruch einzelner Adelsfamilien mit ihren von den Göttern hergeleiteten Stammbäumen bestätigt, desgleichen eine Vielfalt von Vorstellungen und Gebräuchen. Andererseits war aber durchaus nicht alles vom

Mythos bestimmt. Wie wir in Kapitel 8 bei den Gesetzgebern sahen, lag der Entstehung von Gesetzen und Rechtsbegriffen auch eine gehörige Portion menschlichen Selbstbewußtseins zugrunde, der Wille zu Veränderung und Erneuerung auch ohne direkte göttliche Einwirkung oder Offenbarung. Die Griechen hatten immer mehr voneinander unabhängige mythische oder nichtmythische Erklärungen und Rechtfertigungen, die oft unvereinbar waren, aber friedlich nebeneinander bestanden. Man glaubte, der Mythos sei Wahrheit, obwohl es keine ordinierte Priesterschaft oder geweihte vorgesetzte Behörde gab, die das Vorrecht auf die Bekanntgabe neuer oder die Bestätigung älterer Mythen besaß. Vom 6. Jahrhundert v. Chr. an war gelegentlich eine zweifelnde oder skeptische Stimme zu hören, doch das war die Ausnahme, denn die meisten Menschen wollten den Mythen nicht auf den Grund gehen. Sie erzählten sie nur weiter, oder begnügten sich damit, die vorgeschriebenen Rituale zu beachten.

Inzwischen entstanden immer neue Mythen. Mit der Ausbreitung des Griechentums nach Osten und Westen mußten auch Apollon, Demeter, Herakles und andere Götter und Halbgötter dorthin verpflanzt und die Mythentradition entsprechend angepaßt und erweitert werden. Die sizilischen Griechen bestritten den Anspruch von Eleusis, daß Demeter, die Göttin der fruchtbaren Erde, den Menschen das Korn gerade dort geschenkt habe. Herakles schwamm über die Straße von Messina, durchwanderte ganz Sizilien und gelangte bis zum Eryx im Nordwesten, um damit den griechischen Anspruch auf diesen Teil der Insel zu rechtfertigen. Später folgte Aphrodite, deren Kult sich vom Eryx nach Karthago und Rom verbreitete. Auch in der alten griechischen Heimat brauchte es Mythen, um veränderte politische Beziehungen und Bündnisse zu festigen oder den Gedanken eines ‚ethnischen‘ Zusammenhangs, etwa mit den Joniern, zu stärken. Heiligtümer beanspruchten in ihrem Namen Statusprioritäten. Der längste der sogenannten ‚Homerischen Hymnen‘, der Apollon gewidmet ist, besteht aus zwei ungleichen, zusammenhanglosen, geradezu widersprüchlichen Teilen. In einem wird der Gott Delphi zugeordnet, im anderen mit Delos verbunden, den beiden wichtigsten Zentren seines Kults. Solche Beispiele ließen sich mehrfach belegen, wie in jedem neueren Handbuch der griechischen Mythologie nachzulesen ist, und verursachten manche Verwirrung, wozu auch noch ein anderer Aspekt der griechischen Religion beitrug. Obwohl alle Griechen das ganze Pantheon anerkannten und verehrten, konnte doch kein einzelner Sterblicher und keine einzelne Gemeinde allen Göttern die ihnen zukommenden Opfer bringen. So hatte jede Stadt ihre Schutzgottheit und besondere Verbindungen zu bestimmten Göttern und Göttinnen, die entsprechend gefeiert wurden, mitunter mehr als Zeus selbst, das unbestrittene Haupt der Götterversammlung. Seine Überlegenheit wurde von niemandem geleugnet. Auch hier gab es hin und wieder Zweifler, aber für das Volk lag darin kein Problem.

Die griechische Religion der archaischen Zeit hatte sich im wesentlichen auf dem Fundament entwickelt, das schon in den homerischen Gesängen deutlich wird: durch vielerlei Kulthandlungen versuchte der Mensch, möglichst gute Beziehungen zu den überirdischen Mächten herzustellen. Er bemühte sich also, den Willen der Götter zu ergründen, sie zu versöhnen und zu erfreuen. Um das erste zu erreichen, brauchte es Spezialisten wie Wahrsager, Exegeten und Seher, das übrige geschah durch gewöhnliche Menschen, entweder im Hause selbst und durch private Kultgemeinschaften oder öffentlich durch Staatsbeamte. Als Beamte gab es viele sogenannte *hiereis,* wir würden sie als ‚Priester' bezeichnen, obwohl es sich um gewöhnliche Laien handelte, die eine bestimmte öffentliche Amtshandlung vornahmen, genau wie andere zivile und militärische Beamte. Während der Königszeit vollzogen die Könige die vorschriftsmäßigen Rituale für den Staat. Jetzt waren Angehörige der Aristokratie an ihre Stelle getreten und später demokratisch gewählte Beamte. Die liturgische Ordnung ergab sich, ohne Einmischung einer Priesterkaste, nur auf der Grundlage von Überlieferung und Mythos. Hesiod und Homer, sagt Herodot (II 53), ‚sind es zuerst gewesen, die den Griechen die Sagen von der Abstammung ihrer Götter geschaffen haben, die den Göttern Namen gegeben, ihnen Ehren und Funktionen zugewiesen und ihre Gestalt beschrieben haben.' Das trifft vielleicht nicht Wort für Wort zu, aber das Entscheidende ist, daß sich die Griechen in Religionsdingen, wenn sie überhaupt eine Autorität zu Rate zogen, vor allem auf ihre Dichter berufen. Die mochten wohl behaupten oder auch glauben, sie seien ‚von den Musen inspiriert', man kann sie aber auf keinen Fall mit Propheten oder Priestern vergleichen. Dichterische Eingebung ist nicht prophetische Offenbarung.

Man ehrte und beschwor die Götter durch die Tisch-Gemeinschaft, die besagte, daß Essen und Trinken mit ihnen geteilt werde, durch Gesang, Tanz und Prozessionen, das Mänadenwesen und andere ‚orgiastische‘ Verhaltensweisen, die Formen von Besessensein sind, und durch Spiele, bei denen heldenhafte Leistungen vorgeführt wurden, denn körperliche Tüchtigkeit war ebenfalls eine Gabe der Götter, so gut wie alles andere. Die Religion im ganzen führte also kein separates Dasein, sie war mit allen Bereichen des privaten und sozialen Verhaltens verflochten. Dagegen gab es weder eine ‚Theologie‘ noch eine geistliche Schulung, nicht einmal bei den ‚Mysterienreligionen‘, wie etwa bei dem Kult der Demeter in Eleusis. Zu diesen gehörte zwar erbliches Priestertum und eine Art persönlicher ‚Kommunion‘, aber die heiligen Handlungen beschränkten sich noch immer auf Wortformeln, Rituale und Schauspiele.

Unter den kultischen Bräuchen waren Opfer von Tieren und Feldfrüchten am verbreitetsten, und es läßt sich kaum eine wichtige Handlung denken, der nicht ein Opfer vorausging. Dazu gehörte unbedingt ein Altar, als der auch der häusliche Herd dienen konnte. Altäre fanden sich überall, in Verbindung mit öffentlichen Profanbauten, Versammlungsplätzen und Tempeln, an Stadttoren und in ländlichen Kultorten. Ein ‚Heiligtum‘ bestand oft nur aus einem Altar inmitten eines kleinen, umfriedeten ‚heiligen Bezirks‘. Mit dem Ansteigen des materiellen Niveaus gegen Ende der ‚Dunklen Jahrhunderte‘ tauchte dann im 8. Jahrhundert der Tempel auf. Obwohl man ihn im Nahen Osten schon 2000 Jahre lang kannte, spielte er im bronzezeitlichen Griechenland keine Rolle und trat so selten auf, daß man ihn jetzt als Neuerung bezeichnen muß. Normalerweise diente ein Tempel nicht als Ort der Anbetung, sondern als Wohnung für den Gott, dessen Standbild dort zusammen mit jenem Schatz aufbewahrt wurde, der sich durch Stiftungen dankbarer Sterblicher ansammelte. Die frühesten Tempel, die wir nur aus einigen Terrakottamodellen kennen *(Abb. 29)*, waren aus Holz, Bruchstein oder getrockneten Lehmziegeln, enge Gebäude mit einem Raum und einer Vorhalle, deren zwei Säulen den Giebel trugen. Die ersten Steintempel entstanden um 600 v. Chr., und damit war unvermittelt der Übergang zu den großen Bauwerken erreicht, die von nun an das Kennzeichen griechischer Architektur der Antike sind, der rechteckige Raum (oder die Räume) mit einem geneigten Dach, von Säulenreihen umgeben, der Platz zwischen den Säulenkapitellen und dem Dach mit Reliefs geschmückt *(Abb. 30)*. Die frühesten erhaltenen Reste dorischer Tempelbauten sind weitgestreut; wir finden sie in Argos, Olympia, Delphi, Korkyra (Korfu) und auf Sizilien, keiner davon entstand später als 550 v. Chr.

Manche Kultzentren, die etwas Besonderes zu bieten hatten, stiegen im Lauf der archaischen Zeit zu panhellenischer Bedeutung auf. Dazu gehörten Heiligtümer, die ein wirkungsvolles Orakel hatten, das man befragen konnte. Die Zukunft vorauszusagen, war eine hochspezialisierte und besonders geschätzte Fähigkeit. Wahrsager, die den Flug der Vögel zu ‚lesen‘ verstanden, Traumdeuter und visionäre Seher sind meist Privatpersonen gewesen, die ihre Besucher von der Realität und Effektivität ihrer Kräfte überzeugen konnten. Nichts kam jedoch der unmittelbaren Weisung eines Gottes gleich, besonders Apollons, der in Griechenland mehrere Orakelstätten besaß, darunter Delphi, dessen Vorrang unbestritten war. Davon abgesehen war Delphi eine kleine Stadt wie viele andere, deren religiöses Leben in der üblichen Weise verlief. Wir wissen nicht, wann das Apollonheiligtum mit Orakelsprüchen begann, und es ist keineswegs klar, wie sich das Verfahren praktisch abgespielt hat. An bestimmten Tagen konnten sich jedenfalls Fragesteller, nachdem sie das vorgeschriebene Opfer gebracht, die Reinigungsrituale vollzogen und eine beträchtliche Gebühr bezahlt hatten, an den Gott wenden, entweder in eigenem Namen oder als Vertreter ihrer Städte. Apollon antwortete durch ein weibliches Medium, die Pythia oder Pytho-Priesterin genannt wurde. Ihr Gestammel wurde vom Oberpriester, einem Laienbeamten, in oft rätselhafte Verse gebracht, die der Ratsuchende nach Gutdünken auslegen durfte. Geheimnisvolle Umstände also, die Delphi von herkömmlichen religiösen Riten unterschieden, bei anderen Orakelstätten aber ebenfalls vorkamen, denn jede hatte ihre spezielle Methode. Daß der Gott durch den Mund einer Frau spricht, ist höchst seltsam und ungewöhnlich, verglichen mit anderen Orakelstätten, und umso sonderbarer, als sonst keine Frau den Tempel betreten durfte.

Die überragende Bedeutung Delphis wird nicht nur an der großen Zahl der Orakelsprüche sichtbar, die uns griechische Autoren überlieferten, an der Menge der ‚Schatzhäuser‘, Tempel und Bildwerke, die im heiligen Bezirk emporwuchsen, sondern auch daran, daß die Orakeltätigkeit nachträglich in eine Zeit zurückdatiert wurde, in der das Heiligtum erst lokale Bedeutung gehabt haben dürfte. In Kapitel 8 war zu lesen, daß ein Teil der literarischen Überlieferungen über eine Befragung des delphischen Orakels bei der Gründung früher Kolonien höchstwahrscheinlich später erfunden ist. Delphi wurde wohl eher erst im 7. und nicht schon im 8. Jahrhundert die wichtigste panhellenische Orakelstätte. Keine andere kam ihr gleich, obwohl die Griechen schließlich auch weite Reisen unternahmen, um den Apollon in Didyma bei Milet und im kleinasiatischen Klaros oder Zeus in Dodona in Epirus und in Siwa in Libyen zu befragen, um nur einige weitere berühmte Orakel aufzuzählen.

Delphi hielt auch Spiele von panhellenischer Bedeutung ab, wie sie auch von den Heiligtümern in Nemea und am Isthmos bei Korinth veranstaltet wurden. Aber in dieser Hinsicht konnte sich nichts mit den alle vier Jahre stattfindenden Spielen zu Ehren des Zeus von Olympia messen. Der Überlieferung zufolge wurden sie 776 v. Chr. eingerichtet, eine Zeitangabe, die ohne weiteres stimmen könnte und damit das erste gesicherte Datum der griechischen Geschichte wäre. Das Beweismaterial läßt auch hier wieder darauf schließen, daß zunächst überwiegend peloponnesische Griechen zu den Olympischen Spielen erschienen und daß die Begeisterung später ganz Griechenland ergriff und Teilnehmer und Zuschauer von überall herbeikamen. Das Programm der Spiele wurde mit der Zeit immer vielseitiger. Dichterwettbewerbe, Musik und Tanz gehörten ebenso dazu wie öffentliches Rezitieren und Vortragen, aber der Hauptanziehungspunkt, im Falle Olympias der einzige, waren doch die athletischen Wettkämpfe, Wagenrennen, Boxen und Ringen.

Bei religiösem Tun und der damit verbundenen Dichtkunst, der Architektur, Bildhauerei und im athletischen Wettspiel, erreichten die Griechen am ehesten eine gewisse Einigkeit im Handeln, trotz der politischen Zersplitterung und den häufigen Kriegen. Die Religion konnte jedoch keine *politische* Eintracht bewirken und den Frieden in Hellas kaum fördern. Bevor ein Krieg begonnen wurde, fragte man oft beim delphischen Apollon an, aber es ist nichts davon überliefert, daß er je Frieden um des Friedens willen empfohlen hätte, obwohl er sich manchmal, je nach Lage der Dinge, gegen ein bestimmtes Unternehmen aussprach. Während der Spiele galt ein beschränkter Waffenstillstand, aber insgesamt scheinen sie keinen greifbaren Beitrag zum Frieden oder gar zur Verständigung zwischen den Staaten geleistet zu haben.

Die Ursprünge des Brauches, athletische Wettkämpfe bei großen religiösen Festen abzuhalten, verlieren sich im ‚Dunklen Zeitalter‘. Unsere früheste literarische Quelle ist das 23. Buch der *Ilias* mit der ausführlichen Beschreibung der Leichenspiele, die Achill beim Begräbnis des Patroklos veranstaltete *(Abb. 28)*, und schon da wird das darin liegende komplizierte psychologische Moment spürbar. Das griechische Wort für ‚Wettkampf‘, *agón*, bedeutet letzten Endes nicht nur athletischen oder dichterischen Wettstreit, sondern auch Rechtsstreit, Kampf, Krise oder schweres Angstgefühl (daher unser Wort ‚Agonie‘). Hier wollen wir das Wort *agón* am besten unübersetzt lassen. Der *agón* brachte in unvergleichlicher, ritueller, friedlicher Form ein Wertsystem zum Ausdruck, dem Ehre als höchste Tugend galt, die auch um den Preis des Lebens erstrebt werden mußte, und das den Ehrverlust, die Schande, als schlimmstes Unglück ansah, das dem Menschen widerfahren konnte. Ehre und Schande als Leitbegriffe der Kultur gab es und gibt es auch in anderen Gesellschaften, etwa bei den Beduinen und in manchen Gegenden des Balkans und Mittelmeerraumes. Wahrscheinlich sind diese Wertungen und Verhaltensweisen in gewissem Ausmaß in jeder Gesellschaft anzutreffen. Aber die Heftigkeit, mit der die Griechen in der Antike dieser Idee bei religiösen Festen anhingen, ist ungewöhnlich. Ihr vollendeter literarischer Ausdruck, der gleichzeitig spätester Niederschlag des archaischen Traditionalismus ist, findet sich bei Pindar, der um 438 v. Chr. starb. Zu einem Zeitpunkt, als Athens demokratische Kultur schon zur höchsten Entfaltung gelangt war, feierte Pindar die Sieger der Wettkämpfe nicht nur dadurch, daß er ihr Lob sang, sondern auch dadurch, daß er sich grausam am Los der Verlierer und an ihrer niederschmetternden Schmach weidete:

> ‚Nun aber stürztest herab auf vier
> Leiber du dich, gar Schlimmes im Sinn,
> Denen nicht Heimkehr gleich dir,
> Glücksel’ge, das pythische Spiel beschied;
> Kamen zur Mutter sie, schuf kein liebliches Lachen Lust

Ringsum, die Gassen entlang, fern den Feinden, ducken sie
sich scheu, verwundet von des Unglücks Biß.'

(Pythien VIII 81–87)

Pindars Maßstäbe waren zum großen Teil noch die der archaischen
Aristokraten, denen auch der *agón* aufs engste zugehört. Die höchsten
Ehren brachte ein Sieg im Wagenrennen *(Abb. 28)*, der aufwendigsten
Sportart, auf die es deshalb besonders die Tyrannen abgesehen hatten.
Pindar und andere Verfasser von Epinikien oder Siegesoden – den
Preisgedichten für die Sieger im Wettkampf – stellten ihre Kunst ebenso uneingeschränkt Tyrannen zur Verfügung wie Aristokraten. Das
ist die eine Art, auf die sie ihre Ablehnung der neuen gesellschaftlichen
und politischen Werte, die in der späteren archaischen Zeit aufkamen,
zum Ausdruck brachten. Eine andere Art der Ablehnung war ihre völ-
lige Versenkung in den Mythos. Vergleicht man aber diese Oden mit
der Iliasdarstellung der Leichenspiele des Patroklos, ist dennoch ein
neuer Ton zu hören. Während Homer die heldenhafte Einzelpersön-
lichkeit feiert, würdigt die Ode den Triumph des Siegers im Zusammenhang mit seiner Abstammung und Sippe, ja sogar mit seiner Stadt.
Im archaischen *agón* ist also zum ersten Mal etwas von jener Wechsel-
beziehung und schließlich auch jener Spannung zwischen Individuum
und Gesellschaft zu spüren, die seither ein Bestandteil der westlichen
Zivilisation ist.

Unser Material schweigt sich freilich darüber aus, was das gewöhnliche Volk von Pindars Ansichten hielt, die er noch immer zum Ausdruck brachte. Die Spiele zogen bestimmt alle Bevölkerungsschichten
an. Aber es war unvermeidlich, daß sich Opposition gegen die aristokratische Gesinnung regte, einerseits unter den Moralisten, die sich
anschickten, die alten Begriffe von Ehre und Unehre zu überwinden,
andererseits unter jenen, die in langem Kampf das aristokratische Monopol auf Macht und Reichtum zu brechen suchten. Es genügte nicht,
den Helden homerischer Art zu zähmen, man mußte auch den kämp-
ferischen Geist des *agón* dämpfen, wenn nicht sogar als negatives und
zerstörerisches Moment innerhalb des Staates vernichten. Solons Gedichte zeigen das ganz deutlich, obwohl er auf die Rechte der oberen
Klassen Rücksicht nahm. Sogar der Krieg, das sei noch ergänzend gesagt, war eine Staatsangelegenheit geworden und mit dem Aufkom-

men der Phalanx *(Abb. 27)* konnte er nicht mehr im Geist des *agón* ausgetragen werden.

Die Spannung zwischen Individuum und öffentlicher Autorität
kommt schon deutlich in Hesiods *Werken und Tagen* zum Ausdruck.
Obwohl Versmaß und Sprache der Tradition des Epos angehörten
und eine Fülle von mythischen Elementen enthalten, sind *Werke und
Tage* ein ‚persönliches‘ Gedicht, geschrieben in der ersten Person.
Gleichzeitig ist es eines der bittersten Klagelieder, die je gesungen
wurden, voller Abscheu vor dem ‚eisernen Zeitalter‘ der Armut und
Rechtlosigkeit, in dem die Menschen jetzt leben, voller Grimm gegen
die ‚geschenkefressenden Richter‘, die Gefahren von Müßiggang und
Luxus und das immerwährende Gespenst des Elends. Diese Haltung
ist umso ungewöhnlicher, wenn man bedenkt, daß die ‚Ichperson‘ des
Gedichts sowohl ein Sänger ist, zumindest halbberuflich, als auch ein
Bauer, reich genug, um Sklaven zu halten und darauf bedacht, als
Frucht seiner Mühen noch mehr Land zu erwerben.

Es waren also zwei völlig neue Eigenschaften der griechischen
Dichtkunst aufgetreten, die sie bis zum Ende der archaischen Zeit bestimmen sollten, aber nicht immer so kombiniert sind wie in den *Werken und Tagen*. Eine davon ist das persönliche Moment: der Dichter
spricht in seinem eigenen Namen. Obgleich es falsch sein mag, daraus
schließen zu wollen, daß er sich auch immer autobiographisch äußert
und nicht nur gewohnheitsmäßig die Ich-Form als Ausdrucksmittel
gebraucht, lassen die Gedichte auf jeden Fall erkennen „welche Stand-
punkte er einnehmen wollte, welche Gefühle er zu äußern liebte und
welche Themen er bevorzugt aufgriff".[1]

Die zweite Neuerung äußert sich darin, daß sehr häufig Kritik an
Politik und Gesellschaft laut wurde, etwa bei dem Spartaner Tyrtaios,
bei Solon, Alkaios von Lesbos oder Theognis von Megara. Die Kritik
ging keineswegs immer in dieselbe Richtung. In den Theognis zuge-
schriebenen elegischen Versen wird zum Beispiel hinsichtlich der Aristokratie ein völlig anderer Standpunkt und eine andere Geisteshal-
tung sichtbar, als wir sie bei Solon erkennen:

> ‚Bei Widdern, Eseln und Pferden, Kyrnos, achten wir auf Ab-
> stammung ... Einem Edelmann macht es dagegen nichts aus,
> die schlechte Tochter eines schlechten Mannes zu freien, wenn

der ihr nur Reichtümer mitgibt, noch weigert sich eine Frau, einen schlechten, aber begüterten Mann zu nehmen, denn sie ist lieber reich als tugendhaft. . . . Durch Reichtum entartet die Rasse' (Verse 183–191).

,Das Haupt des Sklaven wächst niemals gerade empor, sondern krumm, und schief hält er den Hals. So wenig eine Rose oder Hyazinthe aus einer Meerzwiebel entsteht, kann das Kind einer Sklavin die Beschaffenheit eines Freigeborenen haben' (Verse 535–538).

In der Verschiedenartigkeit der Gedanken und Ansichten spiegelt sich zum einen der neue ,Individualismus', zum anderen die zunehmende Verworrenheit der gesellschaftlichen Lage und ihre Konflikte. Zugleich wird deutlich, daß jetzt ethische und politische Überzeugungen auftauchen, zunächst in Ansätzen. Dichter und Philosophen gingen daran, in methodisch noch ungeordneter Weise Überlegungen zu Gerechtigkeit, Reichtum, menschlicher Ungleichheit, Rechten und ethischen Pflichten anzustellen und darüber zu streiten. Auf ihre eigene Art betrachteten sie die Probleme sehr abstrakt, denen ihre Mit-Griechen in einer harten Welt der Machtkämpfe, Gesetzesreformen, der *stasis* und Tyrannis und schließlich der Demokratie ausgesetzt waren.

Die neue Dichtkunst mußte sich nicht nur von den überkommenen Vorstellungen von Heldentum lösen, sondern auch mit dem Stil des Heldenepos brechen, den die Sänger perfekt beherrschten und immer noch ausgiebig reproduzierten. Neue Versmaße entstanden, und die Gedichte wurden kürzer.[2] Es gab nun häufiger persönliche Lyrik im eigentlichen Sinn, die Liebe, Wein, Freundschaft und ausgelassene Gelage pries und auf die großen sozialen Themen verzichtete. Diese Entwicklung zeigt sich schon bei Archilochos von Paros, dem frühesten Dichter des neuen Stils, von dem sehr viel, allerdings bruchstückhaft, erhalten ist und dessen reifes Werk ziemlich genau um 650 oder 640 v. Chr. anzusetzen ist. Die Vielfalt seiner Metren läßt auf lange Erfahrungen im volkstümlichen Gesang schließen, den es neben der Epentradition gab. Diese Art Lyrik kennt man in aller Welt zu bestimmten Gelegenheiten, wie Trinkgelagen, dörflichen Erntetänzen oder öffentlichen Festen, wobei sie oft mit Gesang vorgetragen wurde. ,Lyrisch' heißt ja, daß man zur Lyra (Leier) sang oder rezitierte. Der Anlaß, zu dem das Lied erklang, wirkte sich nicht nur auf Stil und Inhalt aus, sondern auch auf die für die besonderen Gattungen der Dichtkunst geltenden Regeln. Das geht zwar aus den Fragmenten des Archilochos nicht deutlich hervor, muß aber für fast alle bedeutende Lyrik gelten, die darauf folgte, von den Trinkliedern des Anakreon bis zu den großen Chorliedern Pindars und seiner Vorgänger.

Wer Chorlyrik dichtete, kam auf der Suche nach Mäzenen besonders weit in der griechischen Welt herum, aber manch anderer Dichter war ebensoviel unterwegs. So war archaische Dichtung eine wahrhaft panhellenische Kunst, und die Dichter stammten bemerkenswerterweise nicht nur vom griechischen Mutterland und den ägäischen Inseln, sondern auch aus Kleinasien und den neuen Zentren des Westens. Auf einem ganz anderen Gebiet der geistigen Entwicklung, bei der Entstehung der Philosophie um 600 v. Chr., scheint das alte Griechenland anfangs überhaupt keine Rolle gespielt zu haben. Die Philosophie nahm ihren Anfang in Jonien, genauer gesagt in Milet, und ging in der 2. Hälfte des 6. Jahrhunderts noch einmal von Sizilien und Süditalien aus, was offensichtlich politische Flüchtlinge bewirkten. Xenophanes floh um die Jahrhundertmitte von Kolophon nach Sizilien, etwas später Pythagoras von Samos nach Kroton, wo er anscheinend eine echte Schule gründete, die zugleich eine Geheimsekte war.

Das Wort ‚anscheinend‘ kann nicht vermieden werden, wenn von diesen frühen ‚Physikern‘ die Rede ist – wie die Griechen sie nach der *physis* (Natur) nannten –, denn die uns überkommenen Traditionen sind bruchstückhaft, verworren und weitgehend unglaubwürdig. Unbestreitbar wurde jedoch ein Umdenkungsprozeß in Gang gesetzt, einerlei wie es sich im einzelnen wirklich verhalten haben mag, den man mit dem bekannten Wort ‚vom Mythos zum *logos*‘ oder zur Vernunft zusammenfassen könnte. Das Umwälzende zeigte sich lange Zeit eher an der Art zu denken als an den spekulativen, im Licht späterer Erkenntnis oft äußerst naiven Antworten. Natürlich waren Fragen wie ‚Was war am Anfang?‘ keineswegs neu. Aber bis dahin waren die Antworten mythischer Art gewesen, bestimmt und konkret. Sie erklärten die Phänomene sowohl der Natur als auch des Menschen dadurch, daß sie übernatürliche Ereignisse und Taten erzählten, die an sich unerklärlich waren. „Mythen waren Erzählungen, nicht Lösungen von Problemen ... Das Problem war gelöst, ohne je gestellt worden zu sein."[3] Das grundlegend Neue am Denken der Jonier ist dann einfach, daß sie Fragen stellten und allgemeine vernunftgemäße ‚sachliche‘ (d. h. nicht in mythischen Personen denkende) Antworten gaben.

Wie konnte das Menschengeschlecht in seinen Anfängen überleben, wenn man bedenkt, wie lange ein kleines Kind hilflos ist? Anaximander von Milet beschäftigte sich im frühen 6. Jahrhundert mit diesem echten Problem. ‚Er sagt‘, so teilt uns ein späterer Schriftsteller mit, ‚der Mensch stamme ursprünglich von andersgearteten Wesen ab, denn andere Kreaturen können sich alsbald selbst erhalten, während der Mensch allein längerer Pflege bedarf. Aus diesem Grund würde er nicht am Leben geblieben sein, wenn er seit Anbeginn so wie jetzt beschaffen gewesen wäre‘. Ein anderer später Autor fügt Einzelheiten hinzu: ‚Anaximander von Milet meinte, daß aus heißem Wasser und Erde entweder Fische oder fischähnliche Wesen entstanden wären, in denen der Mensch wie ein Embryo wuchs und bis zu seiner Pubertät eingeschlossen blieb. Dann barsten schließlich die fischähnlichen Wesen, Männer und Frauen traten heraus und konnten schon für sich selbst sorgen‘.[4] Diese Vorstellung mag naiv sein, aber welch ein Unterschied zu Hesiods mythenhafter Erzählung von der Erschaffung der Frau (Werke und Tage 60–82):

Und dem Hephaistos gebot er (Zeus), dem rühmlichen, daß
  er in Eile
Erde mit Wasser vermenge, um Stimme und Stärke des
  Menschen
Drin zu vereinen, und schön wie der ewigen Göttinnen Antlitz
Sollt eine liebliche Jungfrau entstehen, doch Pallas Athene
Sollte sie Werke lehren und schöne Gewänder zu weben.
Anmut sollte dem Haupt Aphrodite, die goldene Göttin,
Schenken und zehrende Sehnsucht dazu und lähmenden
  Kummer,
Aber mit hündischem Sinn und mit betörender Schalkheit
Sollte sie Hermes begaben, der Bote, der Argosbezwinger.
Also sprach er, und sie gehorchten dem Herrscher Kronion . . .
    . . . und dann benannte Pandora
Er dies Frauengebilde, weil alle Bewohner des Himmels
Sie mit Gaben begabten zum Leid der betriebsamen Männer.‘

Hier wird die Existenz des Bösen mit Hilfe des Mythos erklärt, aber Hesiod hatte die Frage nach dem Bösen eigentlich gar nicht gestellt. Das revolutionäre Denken der jonischen Naturphilosophen, die Gesetzmäßigkeiten in der Natur voraussetzten und darin die Möglichkeit zu allgemeingültigen Erklärungen sahen, die man rationalen Erkenntnissen, rationalen Argumenten und offen geführten Debatten unterwirft, war deshalb eine notwendige Voraussetzung für Philosophie und Wissenschaft (die sich von der bloß empirischen Erfahrung unterschied, z. B. in Metallurgie und Navigation, die die Griechen damals in beachtlichem Maße besaßen). Hier liegt die wahre Bedeutung der ‚Physiker‘, nicht so sehr in den verschiedenen Theorien, die man ihnen zuschreibt. Und hinter ihnen als unmittelbarer Anreiz stand die Praxis rationaler Debatte, wie sie jetzt in der allmählich entstehenden *polis* im sozialen und politischen Bereich aufkam, befreit von übernatürlichen Einflüssen und entgegen den bis dahin unbestrittenen Vorrechten der aristokratischen Tradition.

Die älteren Jonier haben ihr Denken offenbar größtenteils auf den Kosmos und das Wesen des Seins im allgemeinen konzentriert. Aber zumindest Xenophanes war mehr Moralist oder sogar Theologe; einige seiner berühmten Aphorismen sind von ätzender Schärfe: ‚Alles haben den Göttern Homer und Hesiod angehängt, was nur bei Menschen Schimpf und Tadel ist: Stehlen und Ehebrechen und einander Betrügen.‘ (Frg. 11 Diels-Kranz). Die Pythagoräer beschäftigten sich mit der Seele und glaubten an Seelenwanderung und Wiedergeburt. Ihre Geheimlehre verwickelte sie in das komplizierte politische Geschehen der Griechenstädte in Süditalien (wo sie zum Mittelpunkt von Aufruhr und Revolution wurden), aber darüber wissen wir leider nichts Genaues. Danach wurde dann die griechische Philosophie aufs engste mit dem aktuellen Leben der Gemeinde verknüpft, mit ihren politischen Grundsätzen, dem sozialen und ethischen Verhalten. Wir denken besonders an Sokrates und Platon, an Aristoteles oder die späteren Stoiker.

Schließlich bildet auch die Geschichte der Bildenden Kunst den Kontrapunkt zu den hier angeschlagenen Themen. Die Kunst war trotz aller regionaler und lokaler Verschiedenheit panhellenisch, das beweist nicht nur die Mühelosigkeit, mit der Bildhauer und Architekten reisten – und ihre Ideen sich ausbreiteten –, sondern ihre allgemei-

ne Wirkung. Was Kunst betraf, befand sich ein Grieche des 7. oder
6. Jahrhunderts, wohin er auch ging, in nahezu vertrauter Umgebung.
Die Bildende Kunst war wie die Dichtkunst mittelbar oder unmittelbar funktional, ihr Kanon eng an den Zweck gebunden. Sie war keineswegs nur Mußestunden vorbehalten oder zum Vergnügen reicher
Sammler und Ästheten bestimmt, Kunst konnte man in allen Lebens-
bereichen antreffen. Sie fand sich in Tempeln und anderen öffentlichen Gebäuden, nicht in Museen. Zu Hause besaß man herrliche Vasen, Spiegel und Schmuck, anstelle von objets d'art. Selbst in der priva-
testen Gebrauchskunst gibt es unter den unzähligen Vasen, Kannen
und Bechern kaum ein unzweckmäßiges, aus dem Rahmen fallendes
Stück.

Seit dem 6. Jahrhundert haben Töpfer, Maler und Bildhauer dann
gelegentlich ihre Werke signiert *(Abb. 28)*, ein umwälzender Schritt in
der Kunstgeschichte, der von der Anerkennung des Künstlers (ebenso
wie des lyrischen Dichters) als Individuum kündet. Doch der Künstler
wurde nicht zum zügellosen Individualisten, der unaufhörlich auf der
Suche nach Neuem war. Zu jedem gegebenen Zeitpunkt und an jedem
Ort arbeitete er im Rahmen der anerkannten Regeln (und seine Kun-
den verlangten nichts anderes) und drückte seinem Werk innerhalb
dieser Schranken seinen persönlichen Stempel auf. Natürlich kennt
die Entwicklungsgeschichte der fein bemalten Keramik, die sich ununterbrochen bis zum Beginn der ‚Dunklen Jahrhunderte‘ zurückverfolgen läßt, auch tiefgreifende Veränderungen in Technik, Stil und
Geschmack. Das Erstaunlichste war wohl, daß attische Keramik um
die Mitte des 6. Jahrhunderts in weiten Teilen der griechischen Welt
und besonders im Westen den Markt eroberte. Regeln und Richtlinien
führten in der Kunst nicht zu mechanischer Wiederholung und Sterili-
tät. Im ganzen zeigt die Geschichte der Töpferkunst ein fruchtbares
Zusammenspiel zwischen dem Künstler als Individuum und dem
Künstler als Funktionär oder Sprecher seiner Gesellschaft.

Die übrigen Zweige der Bildenden Kunst haben unseres Wissens
eine wesentlich kürzere Geschichte. Die Malerei dieser Epoche ist, im
Unterschied zur Keramik, fast ganz verloren. Architektur und Plastik
besitzen wir erst aus dem 7. Jahrhundert v. Chr., als Stein, Bronze und
Terrakotta das vergängliche Holz und die luftgetrockneten Lehmzie-
gel als Werkstoffe verdrängt hatten: jetzt wird uns eindringlich vor

Augen geführt, wie stark religiöse Vorhaben und Zwecke diese Bereiche der Kunst beherrschen. Griechische Architektur und Plastik war im wahrsten Sinn des Worts öffentliche Kunst, das archaische und klassische Griechenland eine Welt ohne Paläste und stattliche Privatbauten. Unter den öffentlichen Bauwerken wurden die größten Anstrengungen und Ausgaben auf den Tempel verwendet. Häufig besaß er reliefverzierte Metopenplatten, skulpierte Giebelfelder und Friese und im Innern das Bild des Gottes, dem er geweiht war. Die Plastik außerhalb des Tempels hatte ebenfalls eine engere Beziehung zur Religion, als es auf den ersten Blick scheint. Dazu gehören die Standbilder der Sieger bei den großen Spielen: wie die Siegesoden waren auch diese Statuen Weihegaben des Staates oder des Tyrannen, für den die Athleten angetreten waren. Wie die Oden, hatten sie eigentlich keinen wirklichen Bezug zur Individualität des jugendlichen Wettkämpfers; es waren keine Porträts, sondern Idealbilder, die gleichermaßen für Menschen und Götter verwendet wurden. Daher gelten auch die um 650 v. Chr. auftretenden archaischen *kouroi*, nackte männliche Statuen in Stein oder Bronze, von denen bisher mehr als 200 bekannt sind, in der Wissenschaft abwechselnd als ‚Apollon‘ oder als ‚Jünglinge‘. Aber zwischen Gott und Mensch kann nur dann unterschieden werden, wenn wir äußerliche Anhaltspunkte haben, das heißt, wenn die Statue etwa ein Grabmonument ist, oder wenn eine Inschriftenbasis dazugehört. Das Standbild selbst sagt nichts darüber aus *(Abb. 31)*.

Die Plastik, wie auch der Tempel, versinnbildlichten den Triumph der Gemeinde und stellten ihre wachsende Kraft, ihr zunehmendes Selbstbewußtsein zur Schau. Die mykenischen Herrscher hatten sich gewaltige Paläste und Gräber errichtet. Bis ins Zeitalter der Tyrannis gab es in Griechenland niemanden mehr, der dazu genügend Macht und Mittel besessen hätte. Aber die Anlage prächtiger Paläste und Gräber zur Selbstverherrlichung war nicht einmal bei den Tyrannen üblich. Peisistratos wohnte zwar eine Zeitlang auf der Akropolis, aber als ‚Denkmal‘ hinterließ er dort keinen Palast, sondern den Tempel der Athena. Wir sehen, wie weit das griechische Gemeinwesen schon als lebendige Kraft hervorgetreten war, daß sich ihm selbst der Tyrann beugte. Das zeigt sich auch am Bau des Brunnenhauses, einer komplizierten Anlage, die Peisistratos wahrscheinlich an der Südwestecke der Agora errichten ließ und die ein wichtiger Bestandteil der städti-

schen Wasserversorgung war. Die homerischen Helden waren un-
sterblich, weil ihre Taten in den Sagen fortlebten, die neuen ‚Helden‘
verewigten sich dagegen in öffentlichen Bauten.

Im Laufe dieser kulturgeschichtlichen Entwicklung kamen zahlreiche Anregungen und Einflüsse aus dem Osten und wirkten auf Mythos, Mathematik, Tempelbau, Plastik und Töpferkunst. Wenn davon
bisher nicht gesprochen wurde, bedeutet es nicht, daß wir das Vorhan-
densein derartiger Einflüsse leugnen, sondern daß wir sie im rechten
Verhältnis sehen wollen. Sobald die Griechen etwas übernahmen,
haben sie es sich völlig zu eigen gemacht und in etwas Selbständiges
verwandelt, insofern es etwas anderes als technische Methoden (z. B.
in der Metallurgie) betraf. Sie entlehnten das phönikische Alphabet,
aber die Phöniker hatten keinen Homer. Die Idee der freistehenden
menschlichen Statue könnte von Ägypten her angeregt worden sein
(obgleich diese allgemein übliche Auffassung heute von einigen ange-
zweifelt wird),[5] aber es waren die Griechen, nicht die Ägypter, die diese Idee weiterentwickelten, über die *kouroi* und die weiblichen *korai*
(Koren) der Archaik *(Abb. 31 und 32)* bis hin zu der großen Plastik der
klassischen Zeit. Auf dem Weg dahin haben sie nicht nur die nackte Fi-
gur als Kunstform, sondern in einem tieferen Sinn ‚die Kunst selber erfunden‘. Es waren die Griechen, die uns zu fragen lehrten, „wie steht
er?“ oder sogar „warum steht er so?“.[6] Es ist nicht weit hergeholt, solche Fragen, von denen wir natürlich nicht wissen, ob sie sich ein früher
griechischer Bildhauer tatsächlich je gestellt hat, mit der Art von Fragen zu verbinden, die um die gleiche Zeit die Naturphilosophen gestellt haben. Das Selbstvertrauen und die Selbstsicherheit des Menschen, die solche Fragen in der Politik, in Kunst und Philosophie zu-
gelassen und begünstigt haben, sind die Wurzel des *griechischen Wun-
ders*.

Anhang

Anmerkungen

1. Einleitung

1. Vgl. R. Maddin u. a. Tin in the Ancient Near East: Old Questions and New Finds, *Expedition* 19, 1977, 35–47.
2. Um eine Größenvorstellung zu gewinnen: Stuart Piggott, *Ancient Europe* (Edinburgh University Press; Chicago, Aldine Press, 1965) 122 hat folgende interessante Berechnungen aufgestellt: Troja II würde innerhalb des Erdwalls Platz gehabt haben, der die erste Anlage von Stonehenge umgab; der mittelminoische Palast von Mallia auf Kreta hat etwa die Größe der römischen Villa von Woodchester in Oxfordshire; der Palast von Pylos nimmt ungefähr halb so viel Fläche ein wie die eisenzeitliche Siedlung von Glastonbury in Somerset.
3. ,Unbearbeitete' C-14-Daten müssen gegenwärtig komplizierte Anpassungsverfahren durchmachen, die nicht unumstritten sind, vgl. C. Renfrew, *Before Civilization: The Radiocarbon Revolution and Prehistoric Europe* (London, Jonathan Cape, 1973). Für den Zeitraum und den Gegenstand unseres Buches können C-14-Datierungen noch sehr wenig beitragen, ich habe sie daher nicht verwendet, um Irreführungen zu vermeiden.

2. Die ,Ankunft der Griechen'

1. W. A. McDonald und R. Hope Simpson, *Amer. Journ. Archaeol.* 73, 1969, 123–177.

3. Kykladen und Zypern

1. Vgl. dazu C. Renfrew, Cycladic Metallurgy and the Aegean Early Bronze Age, *Amer. Journ. Archaeol.* 71, 1967, 1–20.
2. Vgl. N. P. Stanley Price, Khirokitia and the Initial Settlement of Cyprus, *Levant* 9, 1977, 66–89.
3. Für eine ausführliche Darstellung der Entdeckung und ihrer Bedeutung vgl. G. F. Bass u. a., *Cape Gelidoniya, A Bronze Age Shipwreck* (Transactions of the American Philosophical Society 57, 8), 1967.
4. In einer syllabischen Schrift stellen die meisten Zeichen Silben dar (jeweils ein Konsonant und ein Vokal zusammen), wie bei den klassischen zypri-

schen Schriftzeichen in Textabb. 2. Ein phonetisches Alphabet wie das unsere besteht dagegen überwiegend aus Zeichen, die jeweils einen Vokal oder einen Konsonanten bezeichnen.

4. Kreta

1. P. Warren, *Myrtos* (London 1972).
2. Aus Melos, Thera, Keos und Naxos stammen einige Vasen, Tonlampen und andere Gegenstände mit ein bis drei Linear-A-Zeichen, aber es ist zumindest verfrüht, aus diesen mageren Zeugnissen auf die Kenntnis des Lesens und Schreibens auf den Kykladen zu schließen. Man darf mit Recht darauf hinweisen, daß die Archäologen nicht immer bloße Kratzer von Linear-A-Zeichen unterscheiden konnten.
3. Über Chania vgl. E. Hallager, in: *Opuscula Atheniensia* 2, 1975, 53–86.
4. Hier sei noch auf ein weiteres Schriftbeispiel auf einem kleinen Diskos aus Phaistos hingewiesen, offensichtlich verwandt, aber nicht identisch mit der Schrift auf einer Doppelaxt aus Arkalochori in Mittelkreta, den Schriftzeichen auf einer Kalksteinplatte von Mallia und auf anderen Bruchstücken. Zu diesen unzusammenhängenden Funden erschien bisher eine Fülle von Stellungnahmen, aber noch keine überzeugende Erklärung.
5. Diese Annahme wird gestützt durch die überzeugenden Darlegungen von Paul Faure, *Fonctions des cavernes crétoises* (*Travaux et mémoires* de l'École Française d'Athènes XIV, 1964), 166–173, der im Labyrinth nicht den Palast von Knossos, sondern eine Höhle sieht. Er nimmt die Höhle von Skotino an, einige Kilometer östlich von Knossos, in der Kulthandlungen seit dem Beginn des Mittelminoikums bezeugt sind und bis in die archaische griechische Zeit dauerten. Eine religiöse Kontinuität von solcher Dauer ist nur für drei oder vier kretische Höhlen nachgewiesen.
6. Daß es offenbar keine Sonnen- oder Astralsymbole gegeben hat, ist bemerkenswert.
7. Das vollständige Skelett eines Stieres wurde in einem Grab bei Archanes gefunden, etwa 10 km von Knossos entfernt, das die Ausgräber bald nach 1400 v. Chr. datieren, vgl. *Illustrated London News* vom 26. März 1966, 32–33. Es handelt sich um das früheste Beispiel eines Stieropfers aus einem Grab.
8. Man hat beharrlich versucht, diese kretischen Phänomene auf Aschenregen und Flutwellen zurückzuführen, die ein schwerer Vulkanausbruch von Thera verursachte. Der Kausalzusammenhang ist allerdings unhaltbar, vor allem deshalb (doch nicht nur allein), weil der Vulkanausbruch von Thera ein halbes Jahrhundert zu früh stattfand (1500 v. Chr.). Vgl. den kurzen Bericht von M. Popham, *Antiquity* 53, 1979, 57–60. Daß Kato Zakro für immer aufgegeben wurde, muß soziale oder politische Gründe gehabt haben.

9. Vgl. M. R. Popham, *The Destruction of the Palace at Knossos* (Göteborg, Paul Åström, 1970).

5. Die Mykenische Kultur

1. G. Karo, *Die Schachtgräber von Mykenai* (2 Bde, München 1930–33) I 43.
2. Durch wissenschaftliche Tonanalysen werden Unterscheidungen vielleicht einmal möglich sein, doch dieses Verfahren ist noch im Anfangsstadium.
3. Das wurde durch infrarote Absorptionsspektrophotometrie festgestellt, vgl. die Aufsatzreihe von C. W. Beck und anderen in *Greek, Roman and Byzantine Studies,* zuletzt in Bd. 13, 1972, 359–385.
4. Das schwierige Problem, welche Bedeutung der homerischen Dichtung als Beweismaterial für die mykenische Kultur zukommt, behandeln wir kurz in Kap. 6, ausführlicher in Kap. 7.
5. Vgl. Lord William Taylour, *Antiquity* 43, 1969, 94–97. 44, 1970, 270–280.

6. Das Ende der Bronzezeit

1. Vgl. G. Steiner, *Saeculum* 15, 1964, 365–392; J. D. Muhly, *Historia* 23, 1974, 129–145; A. Kammenhuber, *Orientalia* 39, 1970, 278–301.
2. Eine Schwierigkeit, Namen in ägyptischen Hieroglyphentexten zu identifizieren, liegt darin, daß lediglich Konsonanten angegeben sind, keine Vokale.
3. Ins Englische übersetzt von J. A. Wilson in: *Ancient Near Eastern Texts relating to the Old Testament,* hrsg. von J. B. Pritchard (2. Auflage Princeton University Press, 1955) 262.
4. Die einstige Standardauffassung, nach der die Dorier die Eindringlinge waren, die die mykenische Welt zerstörten, läßt sich durch nichts stützen.
5. Leider ist auch der Zeitpunkt nicht genau genug zu bestimmen, zu dem die Buckelware in Troja VII b erschien, eine Gattung von Keramik, die ihren Ursprung offenbar in Mitteleuropa hatte.
6. Mancher strittige Punkt wäre wahrscheinlich geklärt, wenn sich die entscheidenden archäologischen Funde sehr genau um das entscheidende Jahr 1200 datieren ließen.
7. Daß einige der Angreifer in Griechenland geblieben waren, ist eine Annahme, die unmöglich bewiesen werden kann. Für eine Invasion, die mit Wanderbewegungen einhergeht, ist es bezeichnend, daß sie keine archäologischen Spuren hinterläßt, bevor sie nicht irgendwo auf die Dauer zur Ruhe gekommen ist. Einige Gelehrte sehen den Beweis dafür darin, daß die im bronzezeitlichen Griechenland übliche Körperbestattung in den meisten Gebieten durch Brandbestattung ersetzt wurde. Es wäre zweifellos sehr wünschenswert, wenn wir eine Verbindung zu den ‚Urnenfeldern‘ herstel-

len könnten, Nekropolen mit in Urnen beigesetzten Brandbestattungen, die im 13. Jh. zum ersten Mal in Mitteleuropa festzustellen sind und sich dann über weite Teile des Festlands, einschließlich Italiens, verbreitet haben. In Griechenland setzte der Wandel jedoch erst allmählich nach 1200 ein und war nicht vor etwa 1050 abgeschlossen. Außerdem wurde in Kapitel 2 angedeutet, daß wir starke Veränderungen von Bestattungsweisen kennen, zu denen kein neues Bevölkerungselement den Anstoß gegeben hat.

7. Die ‚Dunklen Jahrhunderte‘

1. Nach: A. M. Snodgrass, Barbarian Europe and Early Iron Age Greece, *Proceedings of the Prehistoric Society* 31, 1965, S. 229–240; S. 231.
2. Säuglinge und sehr kleine Kinder wurden weiterhin körperbestattet und nicht verbrannt.
3. Es ist wichtig zu beachten, daß alle diese Daten archäologischer Art sind, wie in Kapitel 1 ausgeführt wurde. Für die Erstellung der Chronologie ist die protogeometrische Keramik entscheidend.
4. Die unerwartete, neuerliche Entdeckung von Mykenisch III-C-Ware, submykenischen und protogeometrischen Scherben in Sardes, der späteren Hauptstadt von Lydien, wirft neue Fragen auf (vgl. *Illustrated London News* vom 6. 4. 1968). Ein Zusammenhang mit der Flüchtlingsbewegung um 1200 wie in Zypern und Tarsos, die von Handelsbeziehungen gefolgt war, wäre eher denkbar als eine weitere echte griechische Wanderbewegung, wie wir sie uns vorstellen.
5. V. Karageorghis, *Salamis in Cyprus, Homeric, Hellenistic and Roman* (London, Thames & Hudson 1969) Kap. 3.
6. In diesem Kapitel geht es um den gesellschaftlichen Hintergrund der Epen, nicht um die Erzählung vom Trojanischen Krieg und seinen Folgen, die im vorherigen Kapitel besprochen wurden.

8. Staat und Gesellschaft in der archaischen Zeit

1. Das Fortleben des Königtums in Sparta wird in Kap. 9 zur Sprache kommen. Es sollte auch festgehalten werden, daß das Wort *basileus*, König, in Athen für solche Magistratsbeamte in Verwendung blieb, die mit religiösen Angelegenheiten betraut waren, ohne jede Bedeutung eines königlichen Status.
2. Vgl. zum Beispiel die beiden ersten Bücher der Geschichte des Livius.
3. *Supplementum epigraphicum Graecum* IX, 3.
4. Vgl. R. Hägg, *Die Gräber der Argolis* (Uppsala Univ. 1974) Teil II, Kap. 1;

Dein Likör

Bachmann

.... % Mehrwertsteuer
Also . . . Prost! . . . und nicht vergessen,
BACHMANN vor und nach dem Essen

A. M. Snodgrass, *Archaeology and the Rise of the Greek State* (Cambridge Inaugural Lecture 1977).

5. C. Roebuck, Some Aspects of Urbanization in Corinth, *Hesperia* 41, 1972, 96–127.

6. Vgl. den Bericht über Solon in Kapitel 10.

7. Das griechische Wort *demos* ist mehrdeutig; es kann, je nach dem Zusammenhang, sowohl ‚das Volk als Ganzes' wie auch ‚das niedere Volk' bedeuten.

9. Sparta

1. ‚Parthenier' kommt von *parthenos,* das sowohl ‚Jungfrau' als auch ‚unverheiratete Frau' bedeutet.

2. Zum athenischen Standpunkt zu diesem Ereignis vgl. die letzten Seiten des nächsten Kapitels.

10. Athen

1. Mit der Abschwächung des *synoikismos* des Theseus zum bloßen Mythos sind die Historiker im allgemeinen nicht einverstanden. Sie beruht auf Untersuchungen von J. Sarkady, veröffentlicht in deutscher Sprache in den *Acta classica* der Universität Debrecen, Bd 2, 1966, 9–27; Bd 3, 1967, 23–34.

2. Die Trockenmaßeinheit war der *medimnos* (etwas weniger als 1½ Scheffel, also etwa 54 l), das Flüssigkeitsmaß der *metretes* (etwa 8½ Gallonen, d. h. etwa 38½ l). Die willkürliche Gleichsetzung des Wertes der beiden Maßeinheiten, ebenso das Versäumnis, Unterschiede zwischen einer Feldfrucht und einer anderen zu machen oder zwischen Wein und Öl, zeigen, wie weit entfernt die Wirtschaft von markt- und geldwirtschaftlicher Einschätzung war.

11. Die Kultur des archaischen Griechenland

1. K. J. Dover in *Entretiens sur l'antiquité classique,* Bd. 10, *Archiloque* (Vandoeuvres-Genève, Fondation Hardt, 1963), 212.

2. Die *Werke und Tage* hatten, wenigstens in dem uns überlieferten Text, noch mehr als 800 Verse, die *Theogonie* ist wiederum halb so lang.

3. J.-P. Vernant, *Mythe et pensée chez les grecs* (Paris, Maspero, 1965) 291.

4. Frg. A 30 Diels-Kranz.

5. R. M. Cook, Origins of Greek Sculpture, *Journ. Hell. Stud.* 87, 1967, 24–32.

6. E. H. Gombrich, *Art and Illusion* (neue Ausgabe, London, Phaidon; Princeton University Press, 1962), 114, 120.

Abbildungsverzeichnis

Tafelabbildungen

(nach Seite 80)

1. Kykladenidol von Amorgos. Marmor. Höhe 32 cm. Frühes 3. Jahrtausend v. Chr. Oxford, Ashmolean Museum. – Foto: Ashmolean Museum, Oxford

2. Griffschale von Syros, sogenannte Kykladen-Pfanne: vielrudriges Schiff in Spiralornamentik. Ton. Länge 28 cm. Mittleres 3. Jahrtausend v. Chr. Athen, Nationalmuseum. – Foto: La Phototèque Paris – Emil Séraf

3. Miniaturschiff von Naxos. Blei. Länge 40,3 cm. Vor 2500 v. Chr. (?). Oxford, Ashmolean Museum. – Foto: Ashmolean Museum, Oxford

4. Miniatur-Kesseluntersatz aus Enkomi (?)/Zypern: Mann mit Bronzebarren vor einem stilisierten Baum. Bronze. Höhe 11 cm. Vor 1100 v. Chr. London, Britisches Museum. – Foto: British Museum, London

5. Statuette einer Frau von Keos. Ton. Höhe 98,8 cm. 15. Jh. v. Chr. Hagia Irini, Archäologisches Museum. – Foto: M. Caskey

6. Siegelstein aus Praisos/Kreta (Gipsabdruck): Stierspringer. Gelber Achat. Durchmesser ca. 2,5 cm. Aus einem Grab der Epoche Spätminoisch III (? 1400–1100 v. Chr.). Iraklion, Archäologisches Museum. – Foto: Hirmer, München

7. Siegelring von Kreta: Kultszene. Gold. Breite ca. 2,5 cm. 1450–1400 v. Chr. Iraklion, Archäologisches Museum. – Foto: Hirmer, München

8. Keramik im Kamares-Stil aus Phaistos/Kreta. Ton. Höhe 20,2 cm (links; Mündung ergänzt) und 11,8 cm (rechts; linke Gefäßhälfte ergänzt). 19.–18. Jh. v. Chr. Iraklion, Archäologisches Museum. – Foto: Deutsches Archäologisches Institut Athen, Inv. 73/882

9. Knossos/Kreta, Thronraum im Palast. 15. Jh. v. Chr. – Foto: Hirmer, München

10. Sarkophag aus Hagia Triada/Kreta (Detail, eine der Langseiten): Opferszene mit Baum und Altar (rechts), Opfertieren (Mitte) und Prozession (links). Kalkstein, Bemalung in Freskotechnik. Länge 1,37 m. Um 1400 v. Chr. Iraklion, Archäologisches Museum. – Foto: Hirmer, München

11. Schlangengöttin aus Knossos/Kreta. Fayence. Höhe 29,5 cm. 17. Jh. v. Chr. Iraklion, Archäologisches Museum. – Foto: Hirmer, München

12. 13. Statuette eines Beters (Adorant) aus Tylissos/Kreta. Bronze. Höhe

15,2 cm. Um 1500 v. Chr. Iraklion, Archäologisches Museum. – Foto: Hirmer, München

14. Wandfresko aus dem Palast von Knossos/Kreta: Gefäßträger. Höhe 1,75 m. 1500–1450 v. Chr. Iraklion, Archäologisches Museum. – Foto: Hirmer, München

15. Stele von Grab V des Schachtgräber-Runds A in Mykene/Argolis: Wagenfahrt. Kalkstein. Höhe 1,33 m. 16. Jh. v. Chr. Athen, Nationalmuseum. – Foto: Hirmer, München

16. Mykene/Argolis, Schachtgräber-Rund A von Südosten. Durchmesser des umfriedeten Bezirks 28 m. Die Gräber stammen aus dem 16. Jh. v. Chr., die Aufschüttung darüber und der Plattenring aus dem 13. Jh. v. Chr. – Foto: Hirmer, München

17. Zwei Dolchklingen aus Grab IV des Schachtgräber-Runds A in Mykene/Argolis: Löwenjagd, Länge 23,8 cm (oben); springende Löwen, Länge 21,4 cm (unten). Bronze, mit Silber, Gold und Niello eingelegt. 1570–1550 v. Chr. Athen, Nationalmuseum. – Foto: Hirmer, München

18. Becher aus Grab IV des Schachtgräber-Runds A in Mykene/Argolis. Elektron, mit Gold und Niello eingelegt. Höhe 15,5 cm. 1570–1550 v. Chr. Athen, Nationalmuseum. – Foto: Hirmer, München

19. Statuette einer Göttin aus dem ‚Haus der Idole‘ in Mykene/Argolis. Ton. Höhe 29 cm. Gegen 1300 v. Chr. Nauplia, Archäologisches Museum. – Foto: W. Taylour, Cambridge

20. Mykene/Argolis, Kuppelgrab, sogenanntes Schatzhaus des Atreus (Innenansicht). Höhe des Eingangs (rechts) 5,40 m. 14. Jh. v. Chr. – Foto: Hirmer, München

21. Tiryns/Argolis, Ansicht der Burg von Osten. 14.–13. Jh. v. Chr. – Foto: Hirmer, München

22. Siegelring aus Tiryns/Argolis: Prozession von Genien vor einer thronenden Göttin. Gold. Breite 5,6 cm. 14.–12. Jh. v. Chr. Athen, Nationalmuseum. – Foto: Hirmer, München

23. Schlange aus dem ‚Haus der Idole‘ in Mykene/Argolis. Ton. Durchmesser 28 cm. 13. Jh. v. Chr. (?). Nauplia, Archäologisches Museum. – Foto: W. Taylour, Cambridge

24. Geometrischer Dreifußkessel aus Olympia/Elis. Bronze. Höhe 65 cm. 9. Jh. v. Chr. Olympia, Archäologisches Museum. – Foto: Deutsches Archäologisches Institut Athen, Inv. 74/1108

25. Geometrischer Grab-Krater aus Athen: Leichenzug (oberer Figurenfries) und Wagenfahrer (unterer Figurenfries). Ton. Höhe 1,23 m. 750–735 v. Chr. Athen, Nationalmuseum. – Foto: Hirmer, München

26. Geometrische Rüstung aus Argos. Bronze. Höhe ca. 50 cm (Panzer) und 46 cm (Helm). Späteres 8. Jh. v. Chr. Argos, Archäologisches Museum. – Foto: École Française d'Athènes

27. Korinthische Kanne (Detail): Schwerbewaffnete Krieger in Phalanx-Formation rücken gegeneinander vor. Ton. Frieshöhe 5,2 cm. Um 640 v. Chr. Rom, Villa Giulia. – Foto: Hirmer, München

28. Kessel-Fragment mit Signatur des attischen Vasenmalers Sophilos: Leichenspiele für Patroklos (Wagenrennen und Zuschauer). Ton. Höhe 5,2 cm. 580–570 v. Chr. Athen, Nationalmuseum. – Foto: Hirmer, München

29. Tempel (?) – Modell aus dem Heraion von Argos. Ton. Höhe ca. 54 cm. Ende 8. Jh. v. Chr. Athen, Nationalmuseum. – Foto: Deutsches Archäologisches Institut Athen, Inv. NM 5492

30. Ägina, Aphaia-Tempel von Südosten. Länge 30,5 m. Um 500 v. Chr. – Foto: Hirmer, München

31. Kuros von Melos. Marmor. Höhe 2,14 m. Mitte 6. Jh. v. Chr. Athen, Nationalmuseum. – Foto: Deutsches Archäologisches Institut Athen, Inv. NM 4758

32. Kore von der Athener Akropolis. Marmor. Höhe 1,20 m. Letztes Drittel 6. Jh. v. Chr. Athen, Akropolismuseum. – Foto: Deutsches Archäologisches Institut Athen, Inv. Akr. 2378

Textabbildungen

1. Der Palast von Knossos. *Seite 47*
2. Schriften (nicht vollständig). *Seite 49*
3. Grabstele des Kreises B, Mykene. *Seite 61*
4. Verschiedene Stilrichtungen der Keramik. *Seiten 76, 77*
   a) Mykenisch III B (10 cm hoch, aus Attika)
   b) Mykenisch III B (15 cm hoch, gefunden in Troja, Schicht VI)
   c) Mykenisch III C (10 cm hoch, aus Attika)
   d) Protogeometrisch (15 cm hoch, aus Attika)
   e) Geometrisch (77 cm hoch, aus Thera)

Karten

1. Die Ägäische Welt im Bronzezeitalter. *Seite 19*
2. Griechenland in der Bronzezeit. *Seite 28*
3. Das Alte Kreta. *Seite 45*
4. Griechische Dialekte um 400 v. Chr. *Seite 85*
5. Die griechische Welt in der archaischen Zeit. *Seite 88*
6. Das archaische Griechenland und die Küste Kleinasiens. *Seite 99*

Bibliographie

Vorbemerkung

Im Kern ist diese Bibliographie die der englischen Ausgabe, doch habe ich für den deutschsprachigen Leser eine Reihe von Titeln hinzugefügt. Bücher und Aufsätze, die bereits in den Anmerkungen zitiert wurden, werden hier nicht wiederholt. Ausführliche Ausgrabungsberichte wurden nicht aufgenommen; vorrangig werden mehr umfassende Darstellungen möglichst neueren Datums genannt, die in der Regel brauchbare Bibliographien enthalten.

Als allgemeine Einführung in das Studium früher Gesellschaften ist V. Gordon Childe, *Man Makes Himself,* London[4] 1965 zu einem Klassiker geworden.

E. Kirsten – W. Kraiker, *Griechenlandkunde. Ein Führer zu klassischen Stätten,* Heidelberg[5] 1967 bietet zur Topographie Griechenlands mehr als der Untertitel verspricht. A. Rumpf, *Archäologie,* 2 Bde, Berlin 1953–56 ist die beste deutschsprachige Einführung in die Archäologie. Literarische und archäologische Überlieferung werden in den vielen Faszikeln von F. Matz – H.-G. Buchholz (Hrsg.), *Archaelogica Homerica,* Berlin 1967 ff. zusammengefaßt, doch ist das Sammelwerk uneinheitlich was die grundsätzliche Frage nach der Bedeutung der homerischen Epen als Quelle für die Bronzezeit angeht.

Die einschlägigen Bände I und II der *Cambridge Ancient History* sind völlig neu geschrieben worden und jeweils in zwei Teilbänden erschienen (3. Aufl., 1970–75). Einige der einzelnen Kapitel sind weiter unten zitiert, oft nur mit der Abkürzung *CAH* und der Angabe des Bandes und der Nummer des Kapitels.

Weitere Abkürzungen:
AJA = American Journal of Archaeology
BSA = Annual of the British School at Athens
JHS = Journal of Hellenic Studies

Die Bronzezeit

Die beste übergreifende Darstellung bietet jetzt J. M. Coles – A. F. Harding, *The Bronze Age in Europe,* London 1979 und für Griechenland (Kreta ausgenommen) Emily Vermeule, *Greece in the Bronze Age,* Chicago-London 1964.

Von den bebilderten Werken ist F. Matz, *Kreta, Mykene, Troia,* Stuttgart[6] 1965 das beste, obwohl Max Hirmers Aufnahmen in S. Marinatos – M. Hirmer, *Kreta, Thera und das mykenische Hellas,* München[3] 1976 besondere Erwähnung verdienen.

Zur komplizierten und äußerst wichtigen Frage der Metallvorkommen siehe J. D. Muhly, *Cooper and Tin. The Distribution of Mineral Resources and the Nature of the Metals Trade in the Bronze Age, Transactions of the Connecticut Academy of Arts and Sciences* 43, 1973, 155–535, mit einem Nachtrag ebd. 46, 1976, 77–136. A. Snodgrass, *Early Armour and Weapons,* Edinburgh 1964 dehnt seine gründliche Untersuchung bis auf die Dunklen Jahrhunderte aus. B. Rutkowski, *Cult Places in the Aegean World,* Warschau 1972 ersetzt alles Vorangegangene und ist seiner maßvollen Darstellung wegen bemerkenswert. Eine scharfsinnige und umfassende Studie zur bildenden Kunst, die unbeschadet ihres Titels auch das bronzezeitliche Griechenland und Kreta einschließt, ist H. A. Groenewegen-Frankfort, *Arrest and Movement. An Essay on Space and Time in the Representational Art of the Ancient Near East,* London 1951.

Zu den archäologischen und linguistischen Untersuchungen, mit deren Hilfe man die ‚Einwanderung der Griechen‘ zu lokalisieren und zu erklären versucht hat, siehe folgende Kapitel der *CAH:* I 26(a), 27; II 39(a); außerdem dazu J. Chadwick, *Linear B. Die Entzifferung der mykenischen Schrift,* Göttingen 1959.

Über die Kykladen siehe C. Renfrew, *The Emergence of Civilization: The Cyclades and the Aegaean in the Third Millenium B. C.,* London 1972 und ders., *The Development and Chronology of the Early Cycladic Figures, AJA* 73, 1969, 1–32; J. L. Davis – J. F. Cherry (Hrsg.), *Papers in Cycladic Prehistory* (= Institute of Archaeology, University of California, Monograph 14), Los Angeles 1979. Zu Zypern siehe H. W. Catling, *CAH* I 9(c), 26(b); II 4(c), 22(b).

S. Hood, *The Minoans,* London 1974 und R. W. Hutchinson, *Prehistoric Crete,* Harmondsworth 1962 bieten jeweils einen guten Überblick. J. D. S. Pendlebury, *The Archaeology of Crete,* London 1939 ist nach wie vor wichtig, wenn auch veraltet. J. W. Graham, *The Palaces of Crete,* Princeton 1962 ist das einschlägige Standardwerk. Eine kurze Darstellung der ‚Wiederentdeckung Kretas‘ findet man in M. I. Finley, *Aspects of Antiquity,* Harmondsworth[2] 1977 im 1. Kapitel. Zu speziellen Fragen: J. D. Evans, *Neolithic Knossos: The Growth of a Settlement, Proceedings of the Prehistoric Society* 37, 1971, 95–117; J. T. Killen, *The Wool Industry of Crete in the late Bronze Age, BSA* 59, 1964, 1–15; M. R. Popham, *The Destruction of the Palace at Knossos,* Lund 1970.

J. T. Hooker, *Mycenaean Greece,* London 1976 bietet die diesbezüglich beste Einführung.

Die archaische Zeit

A. M. Snodgrass, *The Dark Age of Greece*, Edinburgh 1971 ersetzt alle vorherigen Bücher zu diesem Thema. Die beste ‚erzählende‘ Darstellung bleibt C. G. Starr, *The Origins of Greek Civilization 1100–650 B. C.*, New York 1961. Zur Geschichte der Zeit nach den Dunklen Jahrhunderten siehe A. R. Burn, *The Lyric Age of Greece*, London 1960. Eine lebendige, wenn auch ungleichmäßige Darstellung der Epoche vom Ende der Dunklen Jahrhunderte bis zum Abschluß der Perserkriege mit zahlreichen Zitaten aus den literarischen und epigraphischen Quellen bietet O. Murray, Das frühe Griechenland, München 1982. Ein begrenztes Thema behandelt das wichtige Werk des ‚Weberianers‘ J. Hasebroek, *Griechische Wirtschafts- und Gesellschaftsgeschichte bis zur Perserzeit*, Tübingen 1931.

Die ausgeglichenste Äußerung zu Homer und der ‚Homerischen Frage‘ ist G. S. Kirk, *The Songs of Homer*, Cambridge 1962, das in gekürzter Form auch als Taschenbuch erschienen ist (ders., *Homer and the Epic*, Cambridge 1965). Einen Versuch, die Gesellschaft der Dunklen Jahrhunderte aus den Epen zu rekonstruieren, unternimmt M. I. Finley, *Die Welt des Odysseus*, München 1979, mit einem Anhang über Schliemann und Troja. Außerdem siehe M. I. Finley, *Economy and Society in Ancient Greece*, London 1981, Kapitel 12–14 für eine Untersuchung der wesentlichen Unterschiede zwischen der mykenischen und der ‚homerischen‘ Welt, sowie S. Deger, *Herrschaftsformen bei Homer*, Diss. Wien 1968. Die grundlegende Einführung zur Archäologie Trojas ist C. W. Blegen, *Troy and the Trojans*, London 1963. Der augenblickliche Stand der Debatte über das Verhältnis von traditioneller Ansicht und Realität wird konzentriert zusammengefaßt von M. I. Finley, *The Trojan War* mit den Entgegnungen durch J. L. Caskey, G. S. Kirk und D. L. Page, *JHS* 84, 1964, 1–20; siehe auch Finley, *Aspects of Antiquity*, das bereits zitiert wurde.

Einen vollständigen Bericht über die jüngsten Forschungen und Auseinandersetzungen zu Homer findet man bei A. Heubeck, *Die homerische Frage*, Darmstadt 1974 und in den späteren Forschungsberichten von E. Dönt im *Anzeiger für die Altertumswissenschaft*.

Zur ‚Kolonisation‘ siehe J. Boardman, *Kolonien und Handel der Griechen*, München 1981; T. J. Dunbabin, *The Western Greeks*, Oxford 1948, auch wenn es oft in archäologischer Hinsicht veraltet ist; M. I. Finley, *Das antike Sizilien*, München 1979, Kapitel 1–3; J. M. Cook, *Greek Settlement in the Eastern Aegean and Asia Minor*, *CAH* II 38; R. D. Barnett, *Phrygia and the Peoples of Anatolia in the Iron Age*, *CAH* II 30; M. M. Austin, *Greece and Egypt in the Archaic Age*, *Proceedings of the Cambridge Philological Society* Suppl. 2, 1970.

H. Berve, *Die Tyrannis bei den Griechen*, 2 Bde, München 1967, ist das Standardwerk zu diesem Thema. Zu Sparta und Athen in archaischer Zeit siehe P. Cartledge, *Sparta and Lakonia. A Regional History 1300–362 B.C.*, London 1979, Teil I–II; V. Ehrenberg, *From Solon to Socrates*, London² 1973.

Zu verschiedenen Aspekten der archaischen Kultur und Gesellschaft sind folgende Werke zu nennen, deren Titel erklären, um welches Thema es jeweils geht: P. A. L. Greenalgh, *Early Greek Warfare*, Cambridge 1973; G. S. Kirk, *The Nature of Greek Myth*, Harmondsworth 1974; W. Burkert, *Griechische Religion der archaischen und klassischen Epoche*, Stuttgart 1977; H. W. Parke – D. E. Wormell, *The Delphic Oracle*, 2 Bde, Oxford 1956; W. K. C. Guthrie, *A History of Greek Philosophy* Bd 1, Cambridge 1962; A. W. H. Adkins, *Merit and Responsibility. A Study in Greek Values*, Oxford 1962, Kapitel 1–8; L. H. Jeffery, *The Local Scripts of Archaic Greece*, Oxford 1961; C. M. Bowra, *Greek Lyric Poetry from Alcman to Simonides*, Oxford² 1961; M. Robertson, *A History of Greek Art*, 2 Bde, Oxford 1975, Kapitel 1–3; R. M. Cook, *Greek Painted Pottery*, London² 1972; B. Schweitzer, *Die geometrische Kunst Griechenlands*, Köln 1969; N. Himmelmann, *Über die Kunst in der homerischen Gesellschaft*, Abh. d. Akad. Wiss. u. d. Lit. Mainz, Geistes- und Sozialwiss. Kl. 1969, 7; K. Schefold, *Frühgriechische Sagenbilder*, München 1964. Etwa die Hälfte der Aufsätze in B. Snell, *Die Entdeckung des Geistes*, Hamburg³ 1955 beschäftigt sich mit der Geistesgeschichte und Literatur der archaischen Zeit.

Zu den Quellen: Abgesehen von den homerischen Epen, die in verschiedenen Ausgaben und Übersetzungen greifbar sind (so die Übersetzungen von W. Schadewaldt oder die klassische Übertragung von Johann Heinrich Voß), und außer den Dichtungen Hesiods beschränken sich die schriftlichen Quellen jener Zeit auf Fragmente der frühgriechischen Lyrik und der Philosophen. Eine Auswahl griechischer Lyrik und das Werk einzelner Dichter sind in zweisprachigen Ausgaben (Tusculum – Bibl. bei Artemis) zugänglich, ausgewählte Übertragungen ins Deutsche bietet der Band *Griechische Lyrik* hrsg. v. W. Marg, Stuttgart 1964 (Reclam). Die Fragmente der frühgriechischen Philosophen mit Übersetzung findet man bei H. Diels–W. Kranz, *Die Fragmente der Vorsokratiker*, 3 Bde, Berlin⁶ 1951–52 (seither mehrere Neudrucke).

Register

Achaia (Landschaft) 75, 106, 128
Achaier 70–71, 78, 98
Ackerbau s. Landwirtschaft
Adel s. Aristokratie
Agamemnon 24, 67, 93–95
agón 147–148
Agora 102, 131
Ägypten 18, 23, 25, 39, 41–42, 46,
    48, 52, 55, 61, 68, 70–72, 78, 84,
    90, 108, 156
Alaschia 40–42, 71, 78
Alkmeoniden 113, 133, 137
Al Mina 90–91, 98, 106, 109
Anatolien s. Kleinasien
Anaximander, zit. 152
Apollon 95, 110, 115, 142, 145–146,
    155
Arbeit 96, 111–113; s. auch Unfrei-
    heit
Archäologie, Grenzen der 25, 31, 52,
    79, 83–84; und Chronologie
    23–24, 72, 74, 87, 92, 106
Architektur 47, 65, 84, 153–155;
    s. auch Gräber, Paläste,
    Tempel
Argos und Argolis 27, 33–34, 66–67,
    75, 94, 110, 112, 117, 122, 128,
    138, 145
Aristokratie 63, 65–67, 95–97,
    101–102, 109–114, 117–118, 127,
    132–138, 143, 149–150
Aristoteles 111, 153;
    zit. 103, 114–115, 117, 127,
    134–135
Athen und Attika 34, 36–37, 49,

53–54, 66, 75–76, 83, 86, 92,
    102–103, 110, 113–119, 122, 129,
    131–140, 155
Auswanderung s. Kolonisation

Bauern s. Landbesitz, Landwirt-
    schaft
Befestigungen 23, 38, 41, 54, 60, 66,
    71–73, 75, 87, 102
Bestattungen 32, 84, 86, 126, 147,
    162; s. auch Brandbestattung,
    Gräber
Bevölkerung 21, 34–35, 37–40, 44,
    65, 75, 78, 87, 110, 113, 120
Bildende Kunst 24, 38, 47, 56, 60,
    68, 94, 153–156; religiöse 38,
    55–56, 68–69, 94–95, 144,
    154–155
Boiotien 20, 66–67, 103, 131
Brandbestattung 32, 86, 94, 162
Bronze 40–41, 45, 85–86, 93, 155

Chania 48, 160

Delos 69, 94, 142
Delphi 71, 94, 110, 142; Orakel 105,
    115, 123, 145–146
demos (und Demokratie) 96–97,
    112–113, 115, 118–119, 123, 136,
    139–140, 163
Dichtung 99, 112, 122, 133, 139,
    143, 146–151
Dorier 86–87, 92–93, 105–106, 121,
    141, 145, 161; dorisch (Dialekt)
    31, 85–86, 121

Eisen 23, 79, 83, 85–86, 90, 96, 108, 120

Eleusis 69, 131, 142, 144

Epirus 20–21, 146

Etrusker 101, 107, 139

Euboia 36–37, 75, 91, 98, 106–107, 111, 138

Evans, Sir Arthur 45, 48, 58

Gesellschaftsordnung 22–23, 46, 62–63, 75, 79, 95–96, 131; Krisen 57–58, 97, 109–119, 122–124, 132–136, 148–150

Gesetz und Gesetzgeber 95, 114–115, 122, 124, 133–135; s. auch Solon

Gla 66–67, 71, 75

Gold 52, 61, 64, 73, 84, 93, 96

Gräber 32, 54–55, 57, 75, 90, 155; Grabbeigaben 32, 34, 38, 40, 60, 66, 93, 113; Kuppelgräber 63–67, 75; Schachtgräber s. Mykene

Griechen, ‚Ankunft‘ der 27–35; Namen der 70, 98; Sprache und Dialekte 29–31, 42–43, 57, 78, 85, 90

Hagia Triada 48, 51

Handel 51–52, 67, 79, 84, 89–90, 96, 108, 125, 140; mit Metall 23, 37–41, 64–65, 90, 108; s. auch Keramik

Heiraten 113, 150; dynastische Heiraten 67, 118, 133, 138; Heiraten mit Eingeborenen 86–87, 110

helladisch, Definition 25

Heloten 111, 121–125, 128

Herodot 52, 87, 110, 116, 136–137; zit. 86, 91, 109, 111, 124, 126–128, 141, 143

‚heroisches Zeitalter‘ (und ‚Helden‘) 83, 91, 93, 96, 148–150, 156

Hesiod 143, 149, 153; zit. 113–114, 152

Hethiter 29, 41–42, 55, 70, 72–73, 89

homerische Epen 67, 70, 74, 83, 91–92, 94–95, 101–102, 143, 147–148, 153, 156; Gesellschaft der 92–100, 112

Hopliten 112–113, 115, 117, 120, 122, 136, 149

Ilias s. homerische Epen

indogermanische Sprachen 29–30, 42, 72

Iolkos 67, 71, 75

Italien 59, 64, 72; Griechen in 103–109, 151, 153

Jonien (Jonier) 86–87, 92–94, 127, 142, 151–153

Kato Zakros 48, 51, 57, 161

Keos 36, 38, 68–69, 160

Keramik 56, 76, 79, 90–91, 99, 111; attische 92, 132, 139, 154; geometrische 77, 94; minoische 36, 45, 48; minysche 31–32, 73; mykenische 24, 40, 42, 64–65, 71, 73–74, 76, 79, 84, 162; neolithische 21, 40; protogeometrische 76, 84, 87, 92, 162; und Chronologie 24–25, 57, 64–65, 71, 74, 87, 162; und Handel 34, 40–41, 56, 64–65, 78

Kerkyra (Korfu) 20, 105, 145

Kleinasien 18, 23, 27, 29–31, 37–43, 46, 59, 68, 86–89, 91–93, 97, 103–105, 108, 116, 146, 151

Kleisthenes 129, 137–139

Knossos 24, 44–45, 48, 50–52, 54–58, 61, 64–65, 160

Königtum 41, 51, 53, 63, 65–66, 90,

95–97, 101, 110, 117, 124, 126–127, 143

Kolonisation 38, 65, 86–87, 89, 92, 97, 103–110, 116, 121, 123, 132, 142, 146

Korinth 27, 37, 66, 72, 91, 105–106, 110, 113, 117–118, 121, 129, 138, 146

Kreta 34, 37, 44–58, 64, 68, 94, 98, 106, 121, 123, 159; Metalle auf K. 22, 36, 40, 44–47; Paläste auf K. 23, 47–48, 50–52, 54–55, 58; Schrift 24, 48–51

Krieg und Krieger 42, 56–57, 59–61, 66–67, 84, 93–94, 98, 111–112, 117, 120, 125, 128, 146; s. auch Hopliten, Trojanischer Krieg, Waffen

Kunst 47, 55–56, 61, 67, 84, 100, 107, 139, 153–156; s. auch Architektur, Bildende Kunst, Keramik

Kupfer 17, 23, 39–42, 45, 47, 52, 64, 90, 96

Kykladen 25, 27, 32, 36–39, 46, 73, 91, 94, 160

Kyrene 38, 104, 106, 109–110

Lakonien 71, 120–122

Landbesitz 95, 109–110, 134–136, 139

Landwirtschaft 18, 21–22, 36, 39, 46, 79, 104, 121, 139

Lerna 27, 32–34

Liparische Inseln 34, 64, 72–73

Luwisch 29, 51

Lydien 89, 117, 122, 162

Makedonien 20–21, 46, 73, 138

Megara 106–107, 117–118, 129, 132, 149

Melos 20, 37–38, 44, 46, 69, 160

Messenien 71, 75, 106, 120–121, 123–125

Messina 106, 108, 142

Metall und Metallverarbeitung 17, 22–23, 36–37, 40–41, 46, 96, 104

Milet 64–65, 86–87, 107, 117, 127, 146, 151–152

Minos 24, 53, 91

Münzwesen 125, 139–140

Mykene 24, 33, 54, 59–79, 84, 93–95, 97, 132, 155; Schachtgräber 34, 59–63, 73

Mythos 10, 53–54, 83, 91, 98, 101, 105, 109–110, 114, 132, 141–142, 151, 153, 156

Naxos 36–38, 53, 117, 138, 160

Neolithikum 17–22, 37, 40, 44–47, 51, 73

Obsidian 20, 37, 44, 46

Odyssee s. homerische Epen

Olympia 20, 94, 139, 145–146; s. auch Spiele

Orakel s. Delphi

Paläolithikum 17, 20–21

Paläste 34, 65–68, 75, 79, 93–94, 155; Palastwirtschaft 50–51, 66, 78

Palästina 27, 71

Panhellenismus 98, 141, 146, 151, 153

Paros 38, 107, 150

Peisistratiden 116, 136–140, 155

Phaistos 44, 51, 57, 160

Phalanx s. Hopliten

Philosophie 151, 153, 156

Phöniker 90–91, 96, 98, 156

Phrygien 29, 89

Pindar 148, 151; zit. 147

Plutarch, zit. 124, 133
polis 101–103, 105–106, 118, 120,
   131, 135–136, 153, 155
Pylos 61, 64–67, 71, 75, 92, 159

Ratsversammlung 102, 124, 126,
   135, 137, 141
Religion 53, 55–56, 68, 79, 84, 94,
   99, 107, 115, 126, 141–147, 155;
   s. auch Bestattungen, Bildende
   Kunst, Gräber
Rhodos 36, 39, 64–65, 87, 94, 98,
   106–107

Santorini s. Thera
Schiffe s. Seefahrt
Schliemann, Heinrich 59, 73
Schrift 24, 31, 42, 48–51, 64–65, 73,
   75, 78–79, 99, 107; Keilschrift 29,
   40, 51; phonetische Schrift 43, 49,
   98, 141, 156, 160
Seefahrt 20, 36–37, 39, 41–42, 52,
   90, 96, 103, 108–109, 120, 131; s.
   auch Handel
‚Seevölker‘ 43, 70–72, 78, 90
Siedlungen 21, 23, 33–34, 66, 87,
   125–126, 131
Silber 37, 45, 52, 96, 131, 137,
   139–140
Sizilien 59, 64, 72, 103–106, 108,
   142, 145, 151
Sklaverei s. Unfreiheit
Solon 114–115, 118, 133–136, 138,
   140, 148; zit. 115, 134
Spanien 104, 108
Sparta 71, 111, 117, 119–131, 136,
   149
Spiele (und Feste) 139, 144,
   146–147, 155; Olympische Spiele
   98, 127, 146
Stadtstaat s. *polis*

stasis s. Gesellschaftsordnung, Krisen
Strabon, zit. 105, 123
Streitwagen 54, 61, 94; s. auch Wa-
   genrennen
Syrien 18, 25, 39, 41–43, 46, 54, 59,
   71, 73, 84, 89–91

Taras (Tarent) 65, 123
Tempel 38, 55, 68, 102, 131, 139,
   141, 144–145, 154–156
Textilien 46, 51–52, 96
Theben 48, 64, 66–67, 75, 103
Theognis, zit. 149
Thera (Santorini) 36, 38, 106,
   109–110, 160
Theseus 53, 83, 132, 163
Thessalien 20–21, 71, 75, 97, 117,
   121, 138
Thrakien 73, 104, 107, 137–138
Thukydides 38, 52; zit. 125, 132
Tiryns 27, 54, 64, 66, 75, 78
Töpfer s. Keramik
Troja 23–24, 26, 30, 59, 72–75, 159,
   161
Trojanischer Krieg 67, 74
Tyrannis 116–119, 127, 129,
   132–134, 136–140, 148, 155; s.
   auch Königtum

Unfreiheit 89, 96, 107, 111–112,
   131, 134, 150; s. auch Heloten

Volk s. *demos*
Volksversammlung 96, 112, 124,
   126–127, 135, 137, 141

Waffen und Rüstungen 17, 22, 41,
   54, 56, 61, 84–86, 90, 93, 109,
   111–113
Wagenrennen 127, 146, 148

Wanderungen 18, 20–21, 29–32, 42, 71–72, 75, 78–79
Werkzeuge 17, 22, 41, 46, 79, 84–86, 109; s. auch Waffen
Wohnbauten s. Architektur

Xenophanes, zit. 153

Zentren, städtische 40, 48, 97, 102, 117, 125
Zeus 95, 121, 139, 143, 146, 152
Zinn 23, 41, 47, 64, 90
Zypern 36, 39–43, 49, 64, 78, 89–90, 162

Von M. I. Finley liegen außerdem vor:

Die Sklaverei in der Antike

Geschichte und Probleme
Aus dem Englischen übertragen von Christoph Schwingenstein,
Andreas Wittenburg und Kai Brodersen
1981. 242 Seiten. Leinen

Es gibt kein Buch, das eine kritische Bewertung der Literatur über die Sklaverei mit
einer Charakterisierung des Gegenstandes selbst auf so überzeugende Weise ver-
bindet wie dieses Werk.
Aus dem Inhalt: Antike Sklaverei und moderne Ideologie – Die Entstehung einer
Gesellschaft der Sklaverei – Sklaverei und Humanität – Der Niedergang der antiken Sklaverei.

Die Griechen

Eine Einführung in ihre Geschichte und Zivilisation
Aus dem Englischen von Grete und Karl-Eberhardt Felten
1976. 152 Seiten. Paperback (Beck'sche Elementarbücher)

„Finley gelang, was selten glückt: die sachlichen Anforderungen einer Einführung
mit der persönlichen Geste des Einführenden zu verbinden, daß die Sachen Leben
gewinnen, weil ein kluger Mann sie so lebendig, wie sie geblieben sind, präsen-
tiert." *Deutsche Zeitung*

Das antike Sizilien

Von der Vorgeschichte bis zur arabischen Eroberung
Aus dem Englischen von Grete und Karl-Eberhardt Felten
1979. 286 Seiten mit 25 Abbildungen auf Tafeln,
9 Karten und 2 Stammtafeln im Text.
Leinen (Beck'sche Sonderausgaben)

Den ersten Teil seines Werkes widmet Finley der prähistorischen und archaischen
Epoche. Im zweiten Teil schließlich zeichnet er die sizilianische Geschichte bis zu
der alle kulturelle Kontinuität abrupt unterbrechenden Eroberung durch die
Araber. Die Schilderung der großen Sklavenrevolte im 2. Jahrhundert v. Chr. wird
zu einem dramatischen Höhepunkt des Buches. Dem Siegeszug des Christentums
ist ein eigenes Kapitel gewidmet.

Verlag C. H. Beck München